Manual Prático
MINDFULNESS
Curiosidade e Aceitação

Marcelo Demarzo e
Javier García Campayo

Manual Prático
MINDFULNESS
Curiosidade e Aceitação

Tradução de
Denise Sanematsu Kato

Palas Athena

Título original: Manual Práctico – Mindfulness – Curiosidad y Aceptación
© Javier García Campayo e Marcelo Demarzo, 2015
© Editorial Siglantana, S. L., 2015

Grafia segundo o Acordo Ortográfico da Língua Portuguesa de 1990, que entrou em vigor no Brasil em 2009.

Coordenação editorial: Lia Diskin
Capa e projeto gráfico: Vera Rosenthal
Diagramação: Tony Rodrigues
Desenhos internos: Editorial Siglantana
Revisão: Lucia Benfatti e Rejane Moura

Dados Internacionais de Catalogação na Publicação (CIP)
(Câmara Brasileira do Livro, SP, Brasil)

Demarzo, Marcelo
  Manual prático mindfulness : curiosidade e aceitação / Marcelo Demarzo e Javier García Campayo ; tradução de Denise Sanematsu Kato. -- São Paulo : Palas Athena, 2015.

  Título original: *Manual práctico, mindfulness curiosidad y aceptacion.*
  Bibliografia

  1. Atenção plena 2. Disciplina mental 3. Meditação - Métodos 4. Psicoterapia I. García Campayo, Javier. II. Título.

15-05183
CDD-616.89142
NLM-WM 270

Índices para catálogo sistemático:
1. Mindfulness : Terapia cognitiva : Medicina 616.89142

4ª edição - março de 2022

Todos os direitos reservados e protegidos pela
Lei 9610 de 19 de fevereiro de 1998.
É proibida a reprodução total ou parcial, por quaisquer meios,
sem a autorização prévia, por escrito, da Editora.

Direitos adquiridos para a língua portuguesa no Brasil por
Palas Athena Editora
Alameda Lorena, 355 – Jardim Paulista
01424-001 São Paulo, SP Brasil
Fone (11) 3266-6188
www.palasathena.org.br
editora@palasathena.org.br

*A cada manhã nascemos de novo.
O que fazemos hoje é o mais importante.*
Buda

ÍNDICE

Prefácio – Vicente Simón 13

1. **O que é e o que não é mindfulness?** 17
   Um breve histórico de mindfulness 17
   Conceito de mindfulness 18
   Mindfulness como o oposto à desatenção 20
   Mindfulness ou "modo ser" 21
   Mitos e preconceitos sobre mindfulness 23
   Prática: experimentando mindfulness ("a uva-passa") 28
   Pontos-chave 31

2. **Por que praticar mindfulness? Quais os benefícios?** 33
   Analisando nossa motivação 33
   O problema da motivação em mindfulness 34
   A atitude correta em mindfulness 35
   Os benefícios de mindfulness 37
   Mindfulness e espiritualidade 39
   Prática: como entrar e sair da meditação 40
   Pontos-chave 41

3. **Como começar a prática de mindfulness?** 43
   A dificuldade de começar a praticar mindfulness 43
   Conselhos para estruturar a prática 45
   Prática: avaliar os custos e benefícios de começar
   a praticar mindfulness 50
   Pontos-chave 51

4. **O que fazer com o corpo?** 53
   A importância do corpo 53
   As posturas de meditação – a perspectiva da tradição 54
   As posturas de meditação a partir da perspectiva
   de mindfulness 57
   Recomendações mínimas sobre a postura 59

A RESPIRAÇÃO 60
PRÁTICA: APRENDER A SE RELACIONAR COM O DESCONFORTO FÍSICO ... 61
PONTOS-CHAVE 62

5. **O que fazer com a mente?** 63
A MENTE ESTÁ SEMPRE TRABALHANDO 63
A DIFERENÇA ENTRE PENSAR DE FORMA CONSCIENTE
E INCONSCIENTE 64
MANEJAR AS DISTRAÇÕES DURANTE AS PRÁTICAS DE MINDFULNESS ... 69
COMO É O FUNCIONAMENTO MENTAL DE ALGUÉM QUE PRATICA
MEDITAÇÃO COM REGULARIDADE 72
PRÁTICA: OI, OBRIGADO E TCHAU 75
PONTOS-CHAVE 76

6. **Os principais problemas que surgem na meditação** 79
INTRODUÇÃO 79
PROBLEMAS FÍSICOS 80
PROBLEMAS PSICOLÓGICOS 83
PRÁTICA: O PERDÃO 85
PONTOS-CHAVE 87

7. **As práticas formais de mindfulness** 89
INTRODUÇÃO 89
A PRÁTICA DA "UVA-PASSA" 90
PRÁTICA DE MINDFULNESS NA RESPIRAÇÃO 91
BODY SCAN OU ESCANEAMENTO CORPORAL 92
PRÁTICA DE CAMINHAR COM ATENÇÃO PLENA 96
EXERCÍCIOS CORPORAIS COM ATENÇÃO PLENA 98
PRÁTICA DOS TRÊS MINUTOS OU DOS TRÊS PASSOS 99
PRÁTICA: OS TRÊS MINUTOS 99
PONTOS-CHAVE 101
EXERCÍCIOS: I. A PRÁTICA DE MINDFULNESS EM MOVIMENTO 102
EXERCÍCIOS: II. PRÁTICA: DIÁRIO DE MINDFULNESS 109

8. **Práticas informais: como incluir mindfulness
na vida diária?** 111
A PRÁTICA INFORMAL 111
MODELO DE DIÁRIO INFORMAL 123
PONTOS-CHAVE 129

9. **Mindfulness e compaixão** 131
   INTRODUÇÃO 131
   O QUE É COMPAIXÃO? 132
   COMPAIXÃO E APEGO 135
   FUNDAMENTOS BIOLÓGICOS DA COMPAIXÃO 138
   O MEDO À COMPAIXÃO NO OCIDENTE 140
   PRÁTICA FORMAL E INFORMAL DE COMPAIXÃO (METTA) 141
   PRÁTICA DE COMPAIXÃO (METTA) 143
   PRÁTICA: PARA TRABALHAR COM A INVEJA 147
   PONTOS-CHAVE 149

10. **O sentido da vida, valores e mindfulness** 151
    A IMPORTÂNCIA DOS VALORES EM MINDFULNESS 151
    O SENTIDO DA VIDA 152
    OS VALORES 153
    A COERÊNCIA DOS VALORES 157
    AÇÃO DE COMPROMISSO 159
    PRÁTICAS 160
    PONTOS-CHAVE 165

11. **O manejo das emoções** 167
    AS EMOÇÕES DO PONTO DE VISTA PSICOLÓGICO 167
    A VIDA NÃO É BOA NEM MÁ, SIMPLESMENTE É 170
    COMO "DESATIVAR" AS EMOÇÕES COM MINDFULNESS:
    INTERVENÇÕES NO INÍCIO DA PRÁTICA 172
    COMO "MODIFICAR" AS EMOÇÕES COM MINDFULNESS: INTERVENÇÕES
    QUANDO SE TEM AMPLA EXPERIÊNCIA COM A PRÁTICA 173
    PRÁTICA: MANEJO DAS EMOÇÕES TENDO AS SENSAÇÕES
    COMO ÂNCORA 175
    PONTOS-CHAVE 177

12. **Praticar mindfulness sem praticar mindfulness.**
    A aceitação da realidade 179
    NEM TODO MUNDO PODE OU QUER PRATICAR MINDFULNESS 179
    ACEITAR A REALIDADE DA DOR E A INUTILIDADE DO SOFRIMENTO 180
    A EQUAÇÃO DO SOFRIMENTO 183
    O PROBLEMA DA RESISTÊNCIA E DO CONTROLE 183
    ESTILOS DE ENFRENTAMENTO EM SITUAÇÕES QUE
    NÃO PODEMOS CONTROLAR 184

A ACEITAÇÃO RADICAL DO SOFRIMENTO..................................... 186
PRINCÍPIOS DA ACEITAÇÃO RADICAL... 188
DIFICULDADES PARA A ACEITAÇÃO RADICAL.............................. 190
ALGUMAS PRÁTICAS ESPECÍFICAS DE ACEITAÇÃO 191
PONTOS-CHAVE 194

13. Como mindfulness atua?.. 195
MECANISMOS EXPLICATIVOS DA AÇÃO DE MINDFULNESS
PROPOSTOS INICIALMENTE... 195
MODELOS EXPLICATIVOS ATUAIS DA AÇÃO DE MINDFULNESS......... 197
MONITORAR O EFEITO DE MINDFULNESS 210
PRÁTICA: DISSOLUÇÃO DO EU 213
PONTOS-CHAVE 216

14. Contraindicações, abandono e efeitos adversos de mindfulness.. 217
CONTRAINDICAÇÕES E PRECAUÇÕES 217
ABANDONO..218
EFEITOS ADVERSOS DE MINDFULNESS 220
A NEUROSE DO MEDITADOR...221
CARACTERÍSTICAS DO TERAPEUTA 222
PRÁTICA: A FLOR-DE-LÓTUS QUE CRESCE NO LODO 223
PONTOS-CHAVE 224

15. A prática contínua de mindfulness como forma de vida.... 225
A DIFICULDADE DE PRATICAR MINDFULNESS AO LONGO DA VIDA....... 225
ALGUMAS RECOMENDAÇÕES PARA MANTER A PRÁTICA DE
MINDFULNESS... 226
PRÁTICA: MINDFULNESS E SUA RELAÇÃO COM OS VALORES 229
PONTOS-CHAVE 230

BIBLIOGRAFIA 231

LISTA DE PRÁTICAS 237

ANEXO – OS PROGRAMAS DE INTERVENÇÃO E FORMAÇÃO EM
MINDFULNESS DAS UNIVERSIDADES DE ZARAGOZA (ESPANHA)
E FEDERAL DE SÃO PAULO (UNIFESP, BRASIL)........................... 239

ÍNDICE REMISSIVO 245

Prefácio

VICENTE SIMÓN

A vida do ser humano não é uma tarefa fácil. Provavelmente sempre foi assim, porém cada geração vive suas próprias dificuldades com uma intensidade singular. Coube a nós, em especial, viver em um mundo em constante mudança, no qual a velocidade das transformações se acelera de forma exponencial, em uma espiral que parece não ter fim. Não se trata apenas de se adaptar a novas situações: a própria novidade tornou-se o pão nosso de cada dia e essa adaptação frenética costuma ocorrer à custa de estresse e sofrimento.

A novidade constante em um cérebro que evoluiu para se adaptar a um mundo relativamente estável é um desafio de dimensões consideráveis. Ninguém pode ser culpado por essa situação peculiar, exceto nós mesmos, já que este é um mundo criado por nossos cérebros irrequietos e particularmente inteligentes (ao menos em comparação aos das outras espécies com quem compartilhamos a vida no planeta Terra).

Nosso cérebro lançou-se ao desafio de sobreviver em um mundo novo, fruto de sua própria criação. Um desafio inédito. Um desafio inédito neste planeta, e não sabemos como essa aventura tão humana poderá acabar. Tão humana e, justamente por isso, tão enlouquecida, já que a loucura é um dos principais sinais de identidade da nossa espécie.

Talvez como resposta à iminência desse desafio nosso cérebro busca rapidamente estratégias e artimanhas que lhe permitam sobreviver. Vê-se obrigado a fazer uso de sua criatividade e capacidade inventiva e, ao olhar ao redor, percebe que a solução não está no mundo à sua volta – deve ser procurada nos profundos meandros do funcionamento de seu próprio mecanismo neuronal. Aqui, certamente, não há novidade. O cérebro (todos os cérebros, não apenas o humano) viu-se obrigado, desde sua origem, a encontrar soluções rápidas às pressões implacáveis exercidas pelo ambiente.

O fenômeno mindfulness (ou, melhor dizendo, sua rápida expansão nos últimos anos) pode ser explicado, em parte, pela necessidade do ser humano contemporâneo de encontrar formas de sobreviver dignamente no ambiente de sua própria criação. Aos poucos, percebe que o único remédio é olhar para dentro, a fim de responder à metamorfose do mundo externo com uma mudança equivalente, na forma íntima de se expressar e se adaptar.

Nesta busca nós, seres humanos contemporâneos, descobrimos que nossos ancestrais – que nos precederam em milhares de anos sobre a face da terra – já haviam recorrido a indagações em seus mundos internos para encontrar soluções criativas aos problemas que o mundo externo lhes propunha. Esses conhecimentos, transmitidos de geração a geração, denominam-se de maneira global "sabedoria perene". Sempre esteve aí, porém no Ocidente não havíamos dado muita atenção a ela.

Agora os tempos são outros: o Ocidente olhou para o Oriente e, à sombra da globalização, surge uma troca frutífera de conhecimentos e de habilidades vitais em ambos os sentidos. Pela primeira vez na história a ciência, predominantemente ocidental, acolhe em seu âmago os frutos da sabedoria perene, não apenas a de origem oriental. Dessa transfusão espiritual surgem soluções inovadoras para o desafio da modernidade que, de maneira inexorável, somos obrigados a enfrentar. Trata-se de viver com nossos cérebros – pensados para outro mundo – neste mundo tão novo, um mundo que vamos criando a cada instante.

Podemos considerar mindfulness o fruto desse intercâmbio e dessa pressão adaptativa que nos conduz a uma sobrevivência mais livre de sofrimento. Mindfulness reúne pelo menos dois fenômenos novos: o primeiro trata de estudar as antigas tradições meditativas; o segundo consiste em que a prática da meditação estende-se a camadas bem amplas da população e que o número de praticantes cresce de modo surpreendente. Está acontecendo algo que até poucos anos parecia improvável e insólito, que meditar poderia se transformar em um fenômeno de massa.

Este livro atende a essas novas necessidades. Responde à exigência de disponibilizar aos leitores os conhecimentos necessários para ingressarem na prática da meditação e orientá-los sobre as características dessa jornada, na qual se sentem, um pouco misteriosamente, chamados a embarcar. Esses conhecimentos são apresentados de modo simples e compreensível para essa grande maioria de indivíduos que os demanda.

O livro é, por sua vez, fruto de uma cooperação global, poderíamos dizer que transoceânica. Duas culturas – a brasileira e a espanhola – se veem unidas em um propósito comum: proporcionar aos nossos contemporâneos ferramentas de orientação e de aprendizagem para cultivar essa habilidade de mindfulness, que promete nos tornar mais equânimes e mais felizes. Nele o leitor encontrará respostas às perguntas que todo principiante se faz e que talvez possam resumir-se em duas: "Como se faz?" e "O que costuma acontecer?" Javier e Marcelo as respondem com sua grande experiência de meditadores e clínicos, acostumados a levar mindfulness a pessoas muito diversas, inclusive no ambiente hospitalar e de cuidados primários.

Convido o leitor a mergulhar decididamente no texto e a comprometer-se com a promissora aventura de meditar com regularidade. Espero e desejo que este texto, simples e ambicioso ao mesmo tempo, contribua para que muitos seres humanos possam orientar suas vidas rumo à sabedoria compassiva e transformar-se, com o passar do tempo, em focos de sabedoria e de compaixão para todos os seres que os rodeiam.

Valência, 22 de outubro de 2014.

Vicente Simón
Catedrático Emérito de Psicobiologia
Universidad de Valencia

1
O QUE É E O QUE NÃO É MINDFULNESS?

> *As palavras não denotam sabedoria,*
> *a sabedoria não reside nas palavras.*
> Lao Tsé, *Tao Te Ching*

UM BREVE HISTÓRICO DE MINDFULNESS

Embora alguns de seus termos e técnicas tenham origem nas tradições religiosas orientais, em específico do budismo, mindfulness é uma terapia secular sem qualquer reminiscência religiosa ou cultural, com uma sólida base científica. Mindfulness é uma tradução da palavra *sati*, proveniente da língua páli – um dos idiomas nos quais os discursos de Buda foram escritos, há cerca de 2.500 anos. *Sati* tem uma difícil tradução, já que se trata de um conceito amplo no budismo. Embora a palavra *mindfulness* seja habitualmente traduzida como "atenção plena", "observação clara" ou "consciência plena", o termo inclui outros aspectos também. Outra possível tradução desse termo é "memória" ou "recordar", no sentido de que um fenômeno, para que seja recordado ou "exista" em nossa mente, precisa ser vivido com atenção ou consciência plena.

A relação da psicologia e da medicina com mindfulness data do século XX. A psicanálise foi a primeira escola de psicoterapia a manter certa relação com o budismo, mas foi Erich Fromm que o introduziu no Ocidente, com seu livro *Zen-budismo e psicanálise*. A prática habitual do zen-budismo começou a ser adotada por um certo número de psicoterapeutas no final da década de 1960, época do movimento hippie. Em 1977, a Associação Americana de Psiquiatria recomendou a realização de pesquisas sobre a eficácia clínica da meditação. O marco mais importante para o desenvolvimento de mindfulness foi a fundação, em 1979, do Centro de Mindfulness da Universidade de Massachusetts (EUA) por Jon Kabat-Zinn, que desenvolveu o "Programa de Redução de Estresse Baseado em Mindfulness" (*Mindfulness-Based Stress Reduction Program, MBSR*).

CONCEITO DE MINDFULNESS

Conforme já mencionamos, *mindfulness* é uma palavra em inglês que pode ser traduzida para o português como "atenção plena" ou "consciência plena". Mindfulness não significa meditação, como se pensa erroneamente; refere-se a um estado ou característica da mente humana, descrita por todas as tradições religiosas e presente em todos os indivíduos, em maior ou menor intensidade. A meditação é uma das técnicas mais utilizadas para se obter essa característica, mas não é o mesmo que mindfulness. De fato, níveis elevados de mindfulness podem ser atingidos sem meditar (por exemplo, ao praticarmos exercícios físicos ou esportes com atenção plena, embora não seja o habitual). Por outro lado, nem todos os tipos de meditação estão associados ao desenvolvimento de mindfulness.

Existem várias definições para mindfulness e algumas delas estão resumidas a seguir, na Tabela 1.

Tabela 1. Algumas das principais definições de mindfulness
"Consiste simplesmente em observar, contemplar e examinar. E o papel que assumimos não é o de juiz, mas de cientista."   Walpola Rahula (46)
"Dar-se conta da experiência presente com abertura e aceitação."   Christopher Germer (22)
"Simplesmente parar e estar presente, isso é tudo."   Jon Kabat-Zinn (31)

Essas definições devem sempre incluir os seguintes aspectos:

Capacidade de estar atento

O indivíduo não está distraído, sonolento ou indolente, e sim atento e perfeitamente centrado no que está vivendo.

No presente

Uma pessoa pode estar atenta ao passado, sentindo saudade (fenômeno que ocorre na depressão) ou centrada no futuro, temendo algo que possa acontecer (circunstância que se verifica na ansiedade). Em mindfulness, o indivíduo está exclusivamente centrado no momento presente.

Intencional

Entrar em estado de mindfulness é um exercício de vontade, intencional, ao menos no início. Com a prática, o processo torna-se natural e é possível permanecer nesse estado a maior parte do tempo.

Com aceitação

Não se deve julgar, criticar ou ficar insatisfeito com a experiência presente, e sim aceitá-la de uma forma radical. Neste contexto, aceitação é diferente de resignação ou passividade; o sentido é de abertura e curiosidade não crítica diante de cada experiência. Qualquer elemento de não aceitação que exista na experiência levará à perda do estado de mindfulness. Esta é a forma mais sutil de não estar em mindfulness.

Portanto, mindfulness inclui dois componentes fundamentais, que sempre devem ser levados em conta:

A autorregulação da atenção

Permite manter-se concentrado na experiência imediata, facilitando maior reconhecimento dos fenômenos corporais, sensoriais, emocionais e mentais.

Uma orientação aberta à própria experiência

Caracteriza-se pela curiosidade e pela aceitação, o que implica a capacidade de reconhecer a realidade dos fenômenos, livre de nossos filtros cognitivos.

MINDFULNESS COMO O OPOSTO À DESATENÇÃO

Mindfulness descreve uma capacidade humana inata, porém pouco explorada hoje em dia, para não dizer desconhecida. Vivemos em uma sociedade na qual o habitual é realizar múltiplas tarefas simultâneas. Por exemplo, comer enquanto assistimos à televisão, caminhar falando ao celular ou escutar música enquanto digitamos no computador. Os níveis de falta de atenção no mundo ocidental são impressionantes.

A boa notícia é que essa qualidade de atenção pode ser aprendida (na realidade, reaprendida, pois sempre a tivemos) e treinada ou cultivada com o uso regular de técnicas e práticas específicas, que descreveremos posteriormente.

> **Tabela 2.** Alguns exemplos cotidianos de falta de atenção em nossa sociedade ocidental
>
> • Correr para realizar qualquer atividade, sem estar atento a essa ação enquanto a executa.
>
> • Ingerir com pressa os alimentos (em geral, em quantidade excessiva) enquanto vemos televisão ou falamos, sem estar atento ao processo de comer e sem perceber quando se está satisfeito.
>
> • Quebrar ou atirar objetos, sofrer acidentes ou esquecer atividades, por puro descuido ou por estar pensando em outra coisa.
>
> • Incapacidade de perceber sentimentos, tensão física ou mal-estar sutil (em nível físico ou psicológico) por não conseguirmos ter consciência de nossas experiências habituais.
>
> • Perceber que estamos falando sozinhos ou pensando continuamente em eventos do passado ou do futuro, sem poder desfrutar do momento presente.
>
> • Julgar o que acontece conosco (como bom ou mal, agradável ou desagradável) e portanto apegar-se ou rejeitar a experiência.

MINDFULNESS OU "MODO SER"

Outra forma diferente de entender mindfulness é como um processo cognitivo complexo, não narrativo, que alguns autores denominaram "modo ser", em contraposição à forma habitual com que nossa mente funciona na vida diária, que descrevem como "modo fazer".

A diferença entre ambos encontra-se resumida na Tabela 3.

Tabela 3. Diferença entre o "modo fazer" e o "modo ser"		
	MODO FAZER	MODO SER
FUNCIONAMENTO COGNITIVO	Conceitual	Baseado na experiência direta
ATITUDE BÁSICA	Julgar, interpretar, diferenciar, elaborar	Deixar estar
OBJETIVO PRINCIPAL	Evitar o mal-estar	Abertura à experiência
VOLUNTARIEDADE	Processo automático	Processo intencional (ao menos no princípio)
ORIENTAÇÃO NO TEMPO	Passado e futuro	Momento presente
ATITUDE PERANTE OS EVENTOS MENTAIS	Os pensamentos são reais	Os pensamentos são apenas eventos mentais

O "modo fazer" poderia ser definido como um modo voltado à realização de uma meta – a mente está preocupada em analisar o passado e o futuro e, em consequência, o presente tem pouca importância. A mente tende a divagar de maneira contínua, com um diálogo interno incessante e exaustivo, no qual analisa as discrepâncias entre as coisas como são e como gostaríamos que fossem. Tudo o que acontece conosco é rotulado e julgado como bom/mau, agradável/desagradável, por exemplo. A partir disso, nos apegamos a algumas coisas e queremos rejeitar outras. É o funcionamento habitual da nossa mente neste momento e dificilmente imaginamos que possa existir alguma outra forma.

No modo *mindful*, também chamado de "não narrativo" ou "modo ser", o objetivo não é atingir uma meta concreta – não há nada especial a fazer ou aonde ir. Nem mesmo a realidade precisa ser de alguma forma concreta, portanto a abertura e a flexibilidade da mente são totais. Como não há expectativas específicas, a mente não analisa as discrepâncias destas com a realidade. O foco do "modo ser" está em aceitar e permitir a experiência dos fenômenos em nossa vida diária, sem pressão para mudá-la e sem julgá-la. Esse estado mental deve ser alcançado de forma voluntária, ao menos no começo, por ser muito diferente do processo normal de nossa mente. Com o tempo e a prática, tal estado ocorre naturalmente. Esse modo está mais em contato com a experiência imediata e gera uma forma não narrativa, não conceitual de nos relacionarmos com o mundo ao nosso redor. O "modo ser" não é um modo antinatural ou alterado, onde toda atividade precisa parar. O objetivo também não é manter-se sempre no "modo ser", já que a realização de atividades intelectuais ou que envolvam uma meta devem ser desenvolvidas no "modo fazer". O que se pretende é não permanecer sistematicamente instalado no modo conceitual do fazer, presos em nosso diálogo interno, inclusive quando passeamos ou não temos nada concreto a realizar (por exemplo, até mesmo nas férias, esse período de desconexão, queremos conseguir coisas). A prática de mindfulness nos permitirá passar do "modo fazer" ao "modo ser" de forma voluntária e consciente, facilitando a passagem de um modo a outro, de maneira funcional.

MITOS E PRECONCEITOS SOBRE MINDFULNESS

A relação entre mindfulness e as tradições orientais, e o desconhecimento da técnica no Ocidente levaram ao surgimento de uma série de preconceitos e mitos a respeito de mindfulness que convém esclarecer. Poderíamos classificá-los como mitos ou preconceitos negativos e positivos.

Mitos negativos

Mindfulness é apenas para orientais ou para budistas

Mindfulness é patrimônio da humanidade. É uma qualidade inata da mente humana, independente de etnia, religião ou cultura. Qualquer pessoa pode praticar mindfulness e obter os benefícios associados à técnica.

A postura é um impedimento

Mindfulness não requer qualquer tipo de postura oriental tradicional (por exemplo, posição de lótus ou semilótus, entre outras). Embora essas posturas clássicas de meditação possam ser utilizadas, podemos perfeitamente praticar mindfulness sentados em uma cadeira. De fato, mindfulness pode ser praticada por pessoas com algum tipo de incapacidade, com restrição de mobilidade, deitadas no chão ou sobre um colchonete. A imobilidade absoluta, fortemente recomendada em disciplinas como o zen-budismo, não se aplica à prática de mindfulness.

É muito difícil de aprender

Estudos demonstram que um programa de formação padrão de 8 sessões de 90 minutos, uma vez por semana (ou seja, aproximadamente dois meses de duração), aliado a uma prática pessoal diária de aproximadamente 20 minutos, produz mudanças importantes, não apenas em nível psicológico, mas com evidências em exames de neuroimagem.

Mindfulness não é uma técnica de eficácia comprovada

Conforme veremos no próximo capítulo, nos últimos anos vários estudos demonstraram que mindfulness é eficaz em diferentes doenças psiquiátricas e somáticas. Tal eficácia não se deve ao efeito placebo, mas sim a mecanismos de ação que começam a ser conhecidos e que também serão descritos em um capítulo específico, onde veremos que mindfulness é uma técnica comprovada e eficaz.

Só é eficaz se você acredita em mindfulness
Todos os estudos confirmam que acreditar ou não acreditar, ou seja, a atitude inicial perante mindfulness não é relevante para predizer a eficácia. O que mais se correlaciona ao efeito de mindfulness é o tempo e a regularidade dedicados à prática, seja ela formal ou informal.

Não deve ser usada em pacientes psiquiátricos
Mindfulness é eficaz na promoção do bem-estar psicológico de indivíduos saudáveis e também no tratamento de distúrbios psiquiátricos (depressão, ansiedade, transtorno obsessivo, dependência, transtornos de conduta alimentar) e somáticos (hipertensão, câncer, dor crônica, fibromialgia). Ressalva-se que em pacientes com esquizofrenia ou psicose é recomendável realizar certas modificações na técnica.

Mitos positivos

Mindfulness é a panaceia
Uma ideia errônea e frequente entre as pessoas que apreciam mindfulness ou a meditação é pensar que essas práticas são eficazes em todas as doenças e que podem substituir outros tratamentos (tanto psicológicos como farmacológicos). Mindfulness não se aplica a tudo, já que suas indicações são precisas e baseadas em evidências científicas. Quando usada como psicoterapia, deve ser conduzida exclusivamente por um profissional. Pode ser associada a tratamentos farmacológicos, sem qualquer problema.

Mindfulness não tem efeitos secundários
Mesmo uma técnica tão inócua como mindfulness pode produzir alguns efeitos inesperados. Em geral são sensações físicas ou emocionais temporárias, que podem surgir ocasionalmente durante a prática, sobretudo em principiantes. As mais frequentes são:

aumento transitório da ansiedade, sensação de falta de sentido na vida, sensações estranhas (por exemplo, visões de luz, sensação de expansão além do corpo etc.). Desaparecem espontaneamente, mas é preciso estar ciente delas.

O que não é mindfulness?

Não é deixar a mente "em branco"

Não se trata de se tornar um tolo, perdendo a capacidade analítica. A mente sempre produzirá pensamentos. O objetivo de mindfulness é fazer-se consciente do processo do pensamento e das emoções, porém sem deixar de pensar ou de sentir.

Não é buscar a iluminação ou afastar-se da vida

As práticas de meditação surgem em ambientes monásticos (onde há um afastamento da vida secular) e com o propósito de atingir a iluminação, portanto acredita-se que mindfulness tenha o mesmo objetivo. Ao contrário, o que se pretende é levar mindfulness à vida diária para que fiquemos mais conscientes das coisas e dos processos mentais. Obviamente, tampouco inclui experiências dissociativas.

Não é suprimir as emoções

O desejo secreto de muitas pessoas é que mindfulness lhes permita não sentir as emoções. No começo, o que ocorre é o contrário, ou seja, as emoções são sentidas com mais intensidade, pois não usamos mecanismos de defesa ou evitação, como distrair-se com outras atividades ou com alimentos. Em mindfulness, as emoções se regulam ao nos fazermos conscientes de como surgem e ao não reagirmos a elas, porém não se suprimem.

Não é fugir da dor

Mais do que fugir da dor, mindfulness ajuda-nos a não reagir impulsivamente e a aceitá-la. Tomamos consciência de que o sofrimento surge quando reagimos violentamente à dor, quando protestamos ou a evitamos, em vez de aceitá-la a cada momento.

Não é autoconsciência na forma de reflexão crítica

Não é uma voz interna avaliando continuamente nossas ações, pensamentos e sentimentos, geralmente de maneira crítica. Os momentos de mindfulness não são conceituais nem verbais; não há julgamento da experiência.

Não é uma prática egoísta

Sentar-se para meditar pode parecer uma prática egoísta em comparação a outras atividades de forte caráter social. Entretanto, nem todo tipo de ajuda tem uma motivação desinteressada. Meditar nos ajuda a entender por que fazemos o que fazemos e, conforme mostram os estudos, a aumentar nossa capacidade de ter empatia com outros seres humanos. Assim, de um modo natural, as pessoas que meditam desenvolvem um compromisso social progressivo, consequência lógica do abrandamento do ego.

Os resultados não são rápidos

Algumas pessoas esperam obter resultados nas primeiras meditações. Estudos demonstram que em 8/12 semanas de práticas formais diárias de 20 a 30 minutos pode-se obter mudanças psicológicas significativas. Entretanto, a prática da meditação deve ser incluída de forma habitual em nossa vida para que os resultados sejam mantidos. Meditar é uma técnica que requer disciplina e vontade.

> **PRÁTICA.** Experimentando mindfulness
> ("a uva-passa")
>
> O objetivo é que se possa comprovar, a partir da experiência, a diferença entre executar uma ação em estado de consciência corriqueira e realizar essa mesma ação com atenção plena. Para isso, ingerimos três uvas-passas, uma de cada vez:
>
> ➔ PRIMEIRA UVA-PASSA
> Pode-se comer da forma habitual. Uma vez ingerida, reflete-se brevemente sobre a experiência.
>
> ➔ SEGUNDA UVA-PASSA
> Procure manter a atenção plena durante todo o processo de ingestão. Pode-se imaginar que estamos diante de um produto exótico de um país distante, muito difícil de encontrar e portanto muito caro. Talvez nunca tenhamos a chance de provar essa fruta outra vez.
>
> **1. Manter**
> • Em primeiro lugar, mantenha a uva-passa na palma da mão, ou segure-a entre os dedos indicador e polegar.
> • Foque a atenção nela, imaginando que ela acaba de chegar de um país distante e que você nunca viu esse objeto em sua vida.
>
> **2. Ver**
> • Dedique alguns minutos para ver realmente o objeto. Observe-o.
> • Permita que seus olhos explorem cada parte dela, examinando esse objeto desconhecido. Onde estão as áreas de luz, as regiões escuras, os sulcos e saliências? Existe alguma assimetria? Que características tem a uva-passa?

3. Tocar com os dedos
• Por alguns instantes, gire a uva-passa entre os dedos. Qual sua textura? É dura, tenra? Feche os olhos por um instante para aguçar a sensação tátil.

4. Cheiro
• Leve a uva-passa à região sob o nariz. Qual a sensação? Que aromas e fragrâncias aparecem? Nota algo interessante se produzindo em sua boca ou estômago?

5. Levar a uva-passa aos lábios e à boca
• Agora, lentamente, leve a uva-passa aos lábios e observe também os movimentos da mão e do braço em direção aos lábios. Com delicadeza, coloque-a na boca, mas não a mastigue ainda. Observe como ela se distribui na boca. Dedique algum tempo explorando todas essas sensações, incluindo a língua.

6. Saborear
• Quando estiver pronto, comece a mastigar a uva-passa devagar, sem ingeri-la. Dê a primeira mordida lentamente. Quais as sensações produzidas? Observe o sabor e a textura na boca e como mudam ao longo do tempo, a cada momento.

7. Deglutir
• Quando sentir que é o momento, comece a ingerir a uva-passa lentamente. O que você percebe ao surgir a primeira intenção de ingeri-la? Qual a sensação antes de engolir a uva-passa? Por último, veja se consegue perceber as sensações durante o trajeto da uva-passa até o estômago e observe também que sensações surgem no corpo após finalizar a ação de comer em atenção plena.

8. Tomar consciência da interconexão da uva-passa com o planeta e todos os seres humanos

• Pense no desenvolvimento desta uva-passa: ela precisou terra para crescer, chuva e sol para amadurecer, e do efeito do vento para germinar. Toda a natureza e todo o planeta intervieram em seu crescimento. Pense em como a uva-passa chegou até você – graças ao comerciante que a vendeu, à pessoa que a transportou, ao agricultor que a cultivou – e graças a centenas de gerações que transmitiram a arte da agricultura até os dias de hoje. Uma simples uva-passa, como qualquer objeto deste mundo, precisou da intervenção da natureza e de todo o planeta, e do esforço de milhões de seres humanos, ao longo de múltiplas gerações, para chegar até nós. Qualquer objeto deste mundo é, simplesmente, um milagre. Fique alguns segundos pensando nisso.

→ TERCEIRA UVA-PASSA: Tome a terceira uva-passa com atenção plena, desta vez sem a condução do instrutor, seguindo seu próprio ritmo. Ao terminar, pode-se compartilhar a experiência.

PONTOS-CHAVE

→ Mindfulness não significa meditação, refere-se a um estado da mente humana descrito por todas as tradições religiosas e presente em todas as pessoas. A meditação é uma das técnicas mais utilizadas para se desenvolver essa característica.

→ Mindfulness inclui dois componentes:
– A autorregulação da atenção
– Uma orientação aberta à própria experiência

→ O objetivo não é manter-se sempre no "modo ser", já que as atividades voltadas a uma meta devem ser desenvolvidas no "modo fazer". A intenção é não permanecer sistematicamente instalado no "modo fazer", inclusive quando passeamos ou quando não temos nada concreto a fazer. Mindfulness nos permitirá passar do "modo fazer" para o "modo ser" de forma voluntária, facilitando e automatizando essa passagem.

→ Mindfulness não é deixar a mente em branco nem suprimir as emoções de forma voluntária.

2

POR QUE PRATICAR MINDFULNESS? QUAIS OS BENEFÍCIOS?

> *Há duas coisas, oh discípulo, que convém evitar:*
> *Uma vida de prazeres; é ignóbil e vã.*
> *Uma vida de mortificações; é inútil e vã.*
> Buda

ANALISANDO NOSSA MOTIVAÇÃO

Tudo o que nós, seres humanos fazemos, tem uma motivação, uma razão de ser. Às vezes as motivações são inconscientes; em outras ocasiões, enganamos a nós mesmos porque as verdadeiras razões de nossos atos nos parecem inadequadas e, em outros casos – a minoria – realmente conhecemos o verdadeiro motivo que nos levou a agir. No momento em que iniciamos nossa prática de mindfulness, também temos uma motivação. Quando nos grupos de prática perguntamos qual seria essa motivação, as respostas são semelhantes às resumidas na Tabela 1.

Tabela 1. Algumas das motivações mais frequentemente apontadas para começar a praticar mindfulness

• Ser mais feliz	• Ter mais paz interior
• Promover o bem-estar psicológico	• Não ter pensamentos
	• Melhorar a saúde
• Melhorar a concentração	• Diminuir o estresse
• Controlar as emoções	

Um exercício habitual nos cursos de introdução à prática de mindfulness – além do questionamento da motivação –, consiste em pedir aos participantes que observem os três primeiros minutos de sua prática. A ideia é que cada um responda a si próprio a seguinte pergunta: "Como quero que seja minha meditação? O que espero dela?"

O PROBLEMA DA MOTIVAÇÃO EM MINDFULNESS

Conforme vimos no capítulo introdutório, existem duas formas principais de funcionamento mental: o *modo fazer* e o *modo ser*. O *modo fazer* é o que estamos acostumados a utilizar sempre e caracteriza-se pela existência de um objetivo, de algo a conquistar ou a solucionar. Estamos tão habituados a manipular a realidade, a modificá-la para atingir nossas expectativas e objetivos, que com mindfulness faremos o mesmo: de acordo com nossas expectativas, moldaremos o processo meditativo para alcançar o que queremos. Assim, em nossas práticas tentaremos buscar a paz, o bem-estar, a felicidade ou o controle das emoções e dos pensamentos.

Entretanto, por definição, mindfulness constitui o *modo ser*, que se caracteriza por não ter um objetivo. Não queremos que o mundo ou nossa mente sejam ou funcionem de uma determinada forma. Apenas queremos experimentar o que são, de forma natural, sem artifícios ou construções mentais. As expectativas distorcem e manipulam a realidade e, portanto, é importante não se prender a uma motivação especial durante as práticas de mindfulness, simplesmente devemos estar abertos à prática. É um aparente paradoxo: para que as práticas de mindfulness sejam benéficas não devemos ter expectativas ou buscar algo de especial em cada uma delas.

A explicação é que se alguém procura algo concreto ou tem um objetivo especial na prática, já não está praticando mindfulness. Em outras palavras, já não está presente na experiência com abertura e curiosidade.

A ATITUDE CORRETA EM MINDFULNESS

Qual a atitude correta para praticar mindfulness? Quais devem ser nossas expectativas? Podemos resumir da seguinte forma:

Não esperar nada

Este é um dos aspectos mais importantes na tradição budista e se denomina, em japonês, *mushotoku*. Não devemos ter uma expectativa concreta, devemos nos despojar de nossas imagens, nossas representações e nossas interpretações, porque não são a realidade.

Na meditação queremos descobrir a realidade tal como ela é, e não como gostaríamos que fosse. Dado que a meditação é um processo de observação participativa, nossas expectativas modificam a realidade. Assim, se tivermos uma expectativa definida de como queremos que nossa meditação aconteça, já a estaremos distorcendo.

Não pensar/não julgar

Liberte-se do pensamento conceitual, pois nossos pensamentos não são a realidade. A realidade é experiência pura, direta, sem palavras. Os conceitos e argumentações não são mais do que obstáculos no caminho.

Julgamentos do tipo "bom/mau", "gosto/não gosto", "a prática foi boa ou ruim" revelam o surgimento de um pensamento conceitual.

Aceitar/não rejeitar

Tudo o que vier à mente será bem-vindo. Aceite seus pensamentos e emoções, por mais desagradáveis, negativos ou constrangedores que lhe pareçam. Não se julgue nem se critique por ter tais pensamentos, ou pelos fracassos que teve na vida e que poderão emergir na meditação. Embora você também seja essas emoções e pensamentos negativos, você não é só isso – você é muito mais. Sua vida é um presente contínuo e qualquer coisa que lhe tenha ocorrido no presente, não determina seu futuro.

Não forçar

Não é preciso forçar nada na meditação, não deve fazer uso da força.

Não deve haver violência nem rigidez. O esforço deve ser contínuo, porém tranquilo e suave.

Não resistir/soltar

Não rejeite nada que apareça na mente, sobretudo eventos negativos, tampouco se aferre aos positivos. São dois lados da mesma moeda. Se você se apegar ao positivo, tenderá a rejeitar o negativo, já que desde o momento em que há julgamento, surge o apego ou a aversão. Flua com tudo o que vem à mente, "surfando" os fenômenos mentais sem se deixar agarrar por eles. Por mais estranho que pareça, não se aferrar ao positivo costuma ser mais difícil do que deixar de rejeitar o negativo.

Atitude amável em relação a si próprio

Um dos elementos-chave de mindfulness é a atitude de compaixão e amabilidade que devemos ter perante nós mesmos. Não devemos nos irritar por perder a concentração ou pelo surgimento de qualquer tipo de pensamento ou emoção. Nas tradições orientais, a mente é comparada a um macaco ou a uma criança pequena. Quem teria raiva de um macaco ou de uma criança pequena por suas travessuras, já que, em princípio, não são responsáveis por seus atos? Tampouco a mente é responsável. Pensar continuamente é sua natureza.

Mente de principiante

Deveríamos ser capazes de experimentar cada nova situação ou relação interpessoal como se fosse a primeira vez que a vivemos, ou seja, livres da lembrança de nossos estereótipos e preconceitos, consequências de nossas experiências prévias, que nos impedem de ver a realidade como ela é. Assim, cada prática de mindfulness traz, na realidade, uma nova experiência e precisamos estar abertos e curiosos em relação a tudo.

Paciência

Os estudos mostram que uma prática regular de 20 a 30 minutos por dia começa a produzir mudanças psicológicas significativas em 8 a 12 semanas. Entretanto, não devemos ter pressa. As coisas importantes na vida são obtidas apenas de forma gradual.

OS BENEFÍCIOS DE MINDFULNESS

Apesar de praticarmos mindfulness com a atitude correta de desapego, é certo que a meditação possui uma série de benefícios objetivos. Descreveremos esses efeitos positivos de mindfulness, porém sempre tendo-se em conta que não devem ser o único motivo de nossa prática. A eficácia de mindfulness já foi comprovada nos âmbitos educacional, empresarial e laboral. A tabela a seguir mostrará esses aspectos em mais detalhes.

Tabela 2. Âmbitos em que mindfulness tem se mostrado eficaz

SAÚDE

• Tratamento de doenças fisiológicas (como a dor crônica, as doenças cardiovasculares, o câncer e para tratar portadores do vírus da imunodeficiência).

• Tratamento de doenças psiquiátricas (por exemplo, depressão, ansiedade, dependência, transtornos de conduta alimentar, obsessivos ou de personalidade).

• Prevenção de estresse e de mal-estar psicológico / desenvolvimento de bem-estar psicológico.

EDUCAÇÃO

• Aumento da capacidade de concentração e do rendimento acadêmico.

• Aprimoramento das relações interpessoais.

• Melhor ambiente nas salas de aula.

EMPRESARIAL OU LABORAL

• Redução e prevenção de estresse relacionado ao trabalho e de outros riscos psicossociais (por exemplo, esgotamento laboral ou *burnout*, assédio moral ou *mobbing*).

• Aumento da satisfação no trabalho e melhora do ambiente laboral.

• Maior rendimento no trabalho.

• Melhora da empatia com clientes/pacientes.

MINDFULNESS E ESPIRITUALIDADE

Obviamente, as tradições religiosas que desenvolveram mindfulness não o fizeram para obter os benefícios "materiais" que descrevemos, mas sim como parte essencial do desenvolvimento espiritual. A medicina e a psicologia sempre consideraram a espiritualidade um tema marginal, ou até mesmo um tabu dentro de suas práticas habituais. No entanto, nos últimos anos a Organização Mundial de Saúde reconheceu a importância do tema ao definir *saúde* como "o estado de bem-estar físico, psicológico, social e espiritual".

A imensa maioria das pessoas que pratica mindfulness na atualidade não o faz por motivos espirituais, mas sim pelas razões descritas na Tabela 1. Entretanto, a experiência nos mostra que as motivações vão mudando com o tempo. A prática contínua da meditação vai modificando a perspectiva do eu nos meditantes e muda também a sua concepção do mundo.

A passagem do "modo fazer" (com uma busca incessante por objetivos externos) para o "modo ser" (no qual o importante é simplesmente ser) faz com que se vá desenvolvendo um sentimento de espiritualidade natural, não atrelado a uma religião específica, mas inerente ao ser humano. Uma das consequências mais frequentes da prática é o desenvolvimento do que chamamos de "interser"– um sentimento de conexão e de pertencimento, que nos faz sentir unos com toda a humanidade e com o cosmos.

Após anos de meditação, não é raro que alguns praticantes de mindfulness voltem seus olhos à tradição e mostrem afinidade com o budismo ou com outras tradições religiosas.

PRÁTICA: COMO ENTRAR E SAIR DA MEDITAÇÃO

➔ Segundo a tradição budista, mais importante que aquilo que ocorre durante a meditação é o que acontece ao entrar e sair dela. Sempre que começar a meditar, pergunte-se qual é sua motivação. O que você quer alcançar? Se quiser algo concreto, forçará a meditação para conquistá-lo. É melhor não ter uma expectativa específica e que a motivação seja "simplesmente praticar" ("estar presente", "modo ser") ou simplesmente a compaixão (ver o capítulo específico sobre o tema), ou seja, desejar que todos os seres, inclusive você mesmo, possam alcançar a felicidade.

➔ A saída da meditação também é uma chave. Normalmente, quando terminamos a meditação formal, pensamos de maneira mais ou menos consciente: "Pronto, acabei. Já posso voltar à vida normal" (em outras palavras, não observar a mente). A prática meditativa informal, ou seja, trazer a ideia de mindfulness para nossas atividades diárias (caminhar com atenção plena ao deslocar-se, por exemplo) é ainda mais importante que a prática formal. O modo de a reforçar é incorporá-la, percebendo que não há diferença entre período de meditação e de não meditação. Assim, a saída do período formal de meditação deve ser progressiva, com o propósito de não esquecer que, embora a meditação formal tenha terminado, continuamos meditando na vida diária.

PONTOS-CHAVE

➔ O mais importante na meditação não é tanto o que ocorre durante a meditação, mas como entramos e saímos dela.

➔ A principal motivação que deve guiar nossa meditação é a compaixão, ou seja, querer que todos os seres (inclusive nós mesmos, obviamente) possam alcançar a felicidade e escapar do sofrimento.

➔ Ao meditar a expectativa deveria ser simplesmente conhecer a realidade, aceitar as coisas como são.

➔ A saída da meditação deve ser gradativa, sem rupturas entre meditação formal e informal. Deste modo, nos habituamos a que não haja diferença entre o momento de meditação e a vida diária.

3
Como começar a prática de mindfulness?

*Uma viagem de mil milhas
começa com um simples passo.*
Provérbio chinês

A DIFICULDADE DE COMEÇAR A PRATICAR MINDFULNESS

Introduzir mindfulness em nossa vida diária envolve uma mudança de hábito tão importante e difícil quanto fazer exercícios físicos regulares, mudar a dieta ou deixar de fumar. Para tomar a decisão de alterar hábitos de vida nós, seres humanos, fazemos uma avaliação de maneira mais ou menos consciente das vantagens e desvantagens da nova conduta. Em suma, calculamos os custos e benefícios do novo estilo de vida.

A Tabela 1 apresenta um resumo dos principais custos e benefícios descritos pelas pessoas que começam a meditar.

Tabela 1. Custos e benefícios com frequência descritos por pessoas que iniciam uma prática de meditação

CUSTOS/DIFICULDADES	BENEFÍCIOS
Falta de tempo para meditar	*Maior sensação de paz e bem-estar físico e psicológico* (no presente)*
Estou cansado demais para meditar	Maior capacidade de concentração (no futuro)
Prática monótona	Melhor manejo das emoções e pensamentos (no futuro)
Prática difícil de realizar	*É simples, basta parar e prestar atenção à respiração (no presente)*
Resultados são a longo prazo	*É coerente com meus valores (no presente)*
Entra em conflito com minhas crenças religiosas	*Desfruto da meditação (no presente)*

* Em itálico, os benefícios diretos ou que podem ser desfrutados no presente. São os mais poderosos para promover mudanças.

Como podemos ver, os custos e as dificuldades de qualquer mudança de hábito surgem sempre no presente (não tenho tempo, estou cansado, é difícil e monótono etc.). Entretanto, em geral os benefícios mais importantes estão no futuro e nem sempre é certo que aparecerão. Por isso, qualquer mudança de hábitos é complicada.

Os benefícios com mais eficácia para gerar essas mudanças não são os indiretos, os que ocorrerão no futuro; são os diretos, aqueles criados durante o próprio processo da meditação. Consistem na coerência entre a meditação e os nossos valores e princípios, ou nas sensações de bem-estar, paz e conexão consigo mesmo, que podem surgir durante a meditação. É isto que mais motivará o indivíduo a mudar. De fato, professores de mindfulness já comprovaram que as primeiras experiências que uma pessoa tem quando começa a praticar vão predizer, com bastante segurança, se ela continuará praticando no futuro. Aqueles que consideram as sessões iniciais agradáveis e úteis tendem a manter a prática. Entretanto, é menos provável que as pessoas que mostram rejeição ou demasiada resistência nas primeiras sessões continuem praticando.

A recomendação é dar uma margem de crédito à meditação, da mesma forma que fazemos com alguns medicamentos, como os antidepressivos. No caso destes, sabemos que os efeitos adversos surgem logo de início, ao passo que os efeitos benéficos levarão algumas semanas para que se manifestem. Devemos adotar a mesma perspectiva com mindfulness e sermos pacientes. Portanto, a motivação adequada é a chave para a adesão às práticas, conforme comentamos no capítulo 2.

CONSELHOS PARA ESTRUTURAR A PRÁTICA

Alguns conselhos são importantes para qualquer pessoa que deseje iniciar e manter uma prática regular de mindfulness ou de meditação. Basicamente, deve-se considerar:

Onde meditar?
O principal é escolher um lugar **tranquilo**, onde fiquemos à vontade e com poucas distrações, sabendo que ninguém nos interromperá.

O ideal é que **não haja barulho**. Alguns sons, como vozes de pessoas conversando ou música agradável, costumam capturar nossa mente. Se não pudermos evitar ruídos, uma alternativa é o uso de protetores auriculares que nos isolem do barulho. Não é recomendável meditar com música, pois gera mais distração e encobre de modo artificial o funcionamento habitual da mente, que é o pensamento discursivo.

A **temperatura** não deve ser nem muito fria nem muito quente, pois estes extremos facilitam a dispersão.

A **iluminação** não deve ser excessiva, mas também não é recomendável ficar no escuro. À noite, a luz de uma vela e algo mais de iluminação serão suficientes.

Ao meditar em casa, convém escolher **sempre o mesmo lugar**. O estabelecimento de uma rotina facilita a mudança de hábitos e condiciona a mente. O simples fato de nos sentarmos no local de meditação – se for sempre o mesmo – já promoverá uma atitude receptiva.

Alguns **acessórios** podem nos ajudar a criar um ambiente de maior recolhimento, como o aroma do incenso, a luz de uma vela, um sino para iniciar e encerrar a meditação, ou a imagem de uma pessoa ou divindade inspiradora. Entretanto, não devemos convertê-los em itens imprescindíveis; temos que ser capazes de meditar sem eles, quando necessário.

Quando meditar?

Organização do tempo. É preferível reservar um tempo fixo na agenda para as práticas formais diárias. No entanto, meditar em qualquer momento ou em qualquer lugar, ainda que inesperado, é melhor que não meditar.

A **regularidade** das práticas formais é muito importante para obtermos os benefícios de mindfulness e funciona também como lembrete *(reminder)* para a incorporação de práticas informais em nosso dia a dia.

Os melhores **momentos do dia** costumam ser pela manhã (ao levantar-se) e à noite (antes de jantar ou de dormir). Entretanto, quando não se pode seguir esses horários por motivos profissionais ou familiares, qualquer momento do dia é melhor do que nada. O período da manhã é ideal porque a mente está fresca, sem as preocupações do dia. Além disso, o efeito positivo de mindfulness se estenderá para o resto do dia. À noite a mente está saturada das preocupações mundanas, portanto também é um bom momento para meditar e desembaraçar-se delas, facilitando o sono.

Durante quanto tempo devemos meditar?

Em relação à duração da prática, é preferível **começar com períodos curtos** (de 5 a 10 minutos) e, em seguida, aumentar o tempo gradativamente, de acordo com as possibilidades e necessidades de cada um. É melhor que as meditações sejam curtas, assim teremos vontade de repeti-las; se forem demasiadamente longas, as abandonaremos. Um erro frequente entre os meditadores novos é estender muito o tempo de meditação. Acabam ficando esgotados em poucas semanas, pois sentem que a prática lhes toma muito tempo.

Regularidade é fundamental. Realizar as práticas de maneira diária e sistemática produz maiores benefícios do que práticas mais intensas porém esporádicas. É muito mais eficaz meditar 10 minutos por dia todos os dias (um pouco mais de 60 minutos por semana) do que fazer duas sessões de 45 minutos no sábado e no domingo (total: 90 minutos por semana). Embora meditemos por mais tempo nessa segunda forma, a prática é menos eficaz. Independentemente do tempo planejado para a sessão de prática (5, 10, 15 ou 30 minutos, por exemplo), precisamos de um despertador para marcar o final da sessão. Desta forma, evitamos ficar preocupados, olhando para o relógio durante a meditação. Outra opção é o uso de aplicativos de celular (*apps*), que nos permitem gerenciar os alarmes para programar o tempo que vamos praticar, além de dispararem alertas (*reminders*) ao longo do dia para nos lembrar de fazermos a prática informal.

Como meditar?

Técnica de meditação

Existem várias técnicas básicas de mindfulness e serão descritas em um capítulo posterior. A recomendação é conhecer as principais e, depois, escolher o tipo de meditação que melhor se adapte às necessidades e preferências de cada um. Desta maneira, cada pessoa encontrará a técnica mais adequada.

Em grupo ou individual

A meditação formal individual, geralmente praticada em casa, é imprescindível para o aprendizado. Entretanto, a meditação em grupo costuma ser mais fácil, além de mais potente (os níveis de aprofundamento atingidos tendem a ser maiores), estimulando o indivíduo a meditar regularmente. Portanto, é altamente recomendável participar de um grupo de meditação com uma frequência semanal ou quinzenal. Se não houver grupos de meditação em sua região (denominados *sangha laica,* segundo a terminologia budista), uma opção viável é o uso das novas tecnologias.

Atitude

O modo como entramos e saímos da meditação é especialmente importante. Ao começarmos a prática de mindfulness, não devemos ter nenhuma expectativa especial (por exemplo, "tenho que deixar a mente em branco" ou "não ter pensamentos"). Não há nada a alcançar, somente observar a realidade da nossa mente, com aceitação, seja o que for que apareça.

A saída da meditação deve ser gradativa. Não devemos pensar: "Pronto, acabou". Precisamos sair de modo progressivo, com o compromisso de levar esse estado de mindfulness à vida cotidiana. O que queremos é manter o estado meditativo para além da meditação formal.

Para que isso aconteça devemos nos lembrar, ao término da meditação formal, que nunca se deixa de estar em mindfulness, mesmo em nosso dia a dia.

Outros aspectos: padecimento de enfermidades

As práticas regulares de mindfulness podem trazer algumas mudanças positivas em nossa saúde – por exemplo, diminuir a pressão arterial até os níveis próximos da normalidade em pacientes hipertensos ou melhorar a saúde mental. Indivíduos em tratamento devem comunicar a seus terapeutas que estão iniciando uma prática regular de mindfulness e, desta forma, evitar surpresas ou qualquer tipo de problema que possa surgir com a administração de medicamentos.

Na prática descrita a seguir, analisaremos os custos e as dificuldades de praticar mindfulness, bem como os benefícios que a prática regular pode trazer às nossas vidas.

> **PRÁTICA:** AVALIAR OS CUSTOS E BENEFÍCIOS DE COMEÇAR A PRATICAR MINDFULNESS
>
> Esta é uma prática nuclear na terapia motivacional, utilizada para facilitar a mudança de hábitos para outros mais saudáveis. Reflita sobre os custos/dificuldades de praticar mindfulness e anote-os na primeira coluna. Atribua pontos de 0 a 10. Em seguida, descreva os benefícios da meditação, na sua opinião. Pontue também de 0 a 10.
>
> | CUSTOS/DIFICULDADES | BENEFÍCIOS |
> |---|---|
> | | |
> | | |
> | | |
> | | |
> | PONTUAÇÃO (0-10): | PONTUAÇÃO (0-10): |
>
> Esta "decisão equilibrada" que usamos na entrevista motivacional pode dar-lhe uma ideia de sua motivação atual para praticar mindfulness. Se as dificuldades são significativas, recomenda-se fazer modificações para diminuí-las (por exemplo, se não tenho tempo ou estou cansado, posso estabelecer prioridades em minhas atividades e eliminar algumas menos importantes; se acredito que a prática é monótona ou difícil de realizar, devo revisar minha ideia de mindfulness). Se os benefícios são poucos, posso analisar minha motivação (leia o capítulo sobre valores) ou verificar as evidências existentes sobre mindfulness (muitos dos benefícios são obtidos entre 8 e 12 semanas).

PONTOS-CHAVE

→ Para tomar a decisão de mudar hábitos de vida nós, seres humanos fazemos uma avaliação de maneira mais ou menos consciente das vantagens e desvantagens da nova conduta.

→ Os benefícios mais eficazes para a mudança de hábito não são os indiretos, os que ocorrem no futuro, mas sim os diretos, ou seja, os que são gerados ao longo do próprio processo da meditação.

→ O lugar onde meditamos deve ser tranquilo. Um local onde fiquemos à vontade e com poucas distrações, sabendo que ninguém nos interromperá.

→ Regularidade é fundamental. Praticar todos os dias, regularmente, produz mais benefícios do que práticas mais intensas porém esporádicas.

→ É preferível começar com períodos curtos (de 5 a 10 minutos) e, posteriormente, aumentar o tempo de prática de forma gradual, de acordo com as possibilidades e necessidades de cada um.

→ A meditação formal individual é imprescindível ao aprendizado. Entretanto, a meditação em grupo costuma ser mais fácil e favorece a manutenção da prática meditativa.

4
O QUE FAZER COM O CORPO?

*O universo inteiro
é o corpo real do ser humano.*
Dogen, *Shobogenzo*

A IMPORTÂNCIA DO CORPO

Tradicionalmente, o corpo tem sido negado no Ocidente, já que se deu maior preponderância ao intelecto. A mente foi considerada como o lugar onde se produz a vida intelectual, e o corpo um mero veículo dirigido pela mente. A cultura oriental sempre manteve uma postura diferente, considerando o corpo tão importante quanto a mente para o equilíbrio do indivíduo. Foi ali que nasceram as denominadas técnicas mente-corpo, que vão desde as artes marciais e o yoga, ao taichi ou chi kung.

Nos últimos anos, os achados científicos têm corroborado a hipótese oriental da importância do corpo para o nosso equilíbrio. Já foi demonstrado que as percepções interoceptivas (do interior do corpo) modificam de forma significativa nossos pensamentos e emoções, e vice-versa. Da mesma forma, estudos já comprovaram que se um paciente deprimido modifica sua postura habitual (encurvada, contraída e fechada, própria da depressão) em prol de outra postura mais aberta, relaxada e ereta (típica de pessoas com bem-estar psicológico), isso produzirá mudanças no estado de ânimo.

Do ponto de vista de mindfulness, o corpo e a respiração são chaves, pois estão sempre no presente, objetivo essencial da meditação. É por essa razão que são considerados as principais "âncoras" da prática. As emoções e os pensamentos não seriam úteis como pontos de ancoragem, pois se encontram mais frequentemente no passado e no futuro do que no presente. A meditação no corpo, por outro lado, "reinicia" a mente, permite que se saia de ciclos ruminativos, e interrompe os processos de pensamento; também é muito útil para lidar com as emoções.

De maneira habitual o que fazemos é nos perder nos pensamentos associados às emoções, o que gera mais emoções em um ciclo interminável. Em mindfulness, focamos nas sensações corporais da emoção, o que nos permite desativar os pensamentos negativos associados e atenuar os principais sintomas corporais das emoções.

AS POSTURAS DE MEDITAÇÃO
A PERSPECTIVA DA TRADIÇÃO

O primeiro passo para iniciar a meditação é a postura do corpo. As tradições meditativas orientais desenvolveram uma série de posturas muito úteis para proporcionar uma meditação mais profunda. Baseiam-se em dois princípios-chave:

Manter a estabilidade, para permitir que o indivíduo possa manter-se sem mover o corpo durante períodos de 30 a 60 minutos ou mais, porque se considera que certos níveis de profundidade na meditação requerem períodos mínimos e são atingidos somente após 20 a 30 minutos.

O segundo aspecto é a capacidade de manter o **estado de alerta**, sem dormir, o que requer manter as costas eretas. A posição deitada é a mais estável e confortável, mas propicia o sono e portanto não costuma ser usada na meditação (exceto na prática de *body scan*).

As posturas na posição sentada requerem o uso de uma almofada para elevar a coluna. Pode ser redonda (segundo a tradição zen e o yoga) ou em formato de meia-lua. As almofadas quadradas, utilizadas na tradição tibetana, podem ser menos cômodas para algumas pessoas. As espessuras recomendadas variam entre 8 e 10 centímetros, no mínimo. Também é conveniente que o chão seja forrado ou que a almofada fique sobre um *zabuton* ou uma manta (caso contrário, a pressão sobre os pés e as pernas incomodará em poucos minutos).

As principais posturas tradicionais (que podem ser difíceis para os ocidentais na fase inicial) encontram-se resumidas na Tabela 1.

Tabela 1. Posturas orientais de meditação (da mais difícil à mais simples)

- POSTURA DE LÓTUS
É a postura clássica e considerada a mais perfeita para meditar, mas é difícil para os ocidentais. Cada um dos pés permanece sobre a coxa oposta, com as plantas voltadas para o céu (caso sinta dor no tornozelo, procure uma postura mais confortável, diminuindo a curvatura das plantas dos pés).

- POSTURA DE SEMILÓTUS
Um dos pés permanece sobre a coxa oposta, com a planta virada para cima, enquanto o outro pé permanece apoiado no chão.

- POSTURA DE UM QUARTO DE LÓTUS
Nessa postura o pé não fica sobre a coxa, mas sim sobre a perna, o que se torna mais simples. O outro pé se apoia no chão.

- POSTURA BIRMANESA:
Os joelhos e os pés se apoiam no chão. Os pés ficam próximos da coxa ou da perna.

- **POSTURA FÁCIL OU DAS PERNAS CRUZADAS**

As pernas ficam simplesmente cruzadas. É a mais simples de todas as posturas cruzadas para os ocidentais, mas é muito instável e difícil de manter por mais de 20 minutos. (Meditar em uma cadeira é considerado melhor). Nessa postura, é fundamental que os joelhos fiquem em contato com o solo para formar um tripé (com os glúteos e ambos os joelhos) e aumentar a estabilidade. Algumas pessoas tendem a se encostar na parede para aumentar a estabilidade, mas o problema é que raramente as costas permanecem na postura adequada (na posição ereta) quando estão apoiadas na parede ou no encosto de uma cadeira.

- **POSTURA DE JOELHOS**

(seiza, em japonês)
O praticante ajoelha-se no chão. As nádegas se apoiam nos calcanhares e o peito dos pés fica sobre o solo. As costas devem permanecer eretas e as mãos apoiam-se no colo. Pode-se colocar uma almofada entre as coxas e as panturrilhas para deixar a postura mais confortável.

- **BANQUINHOS E CADEIRAS ESPECIAIS DE MEDITAÇÃO**

Esta é outra opção, um pouco mais elaborada, para manter as posturas próximas à tradição. A forma mais simples é com um banquinho, usado para ficar em *seiza*, e que alivia o peso das nádegas sobre os calcanhares. Existem também cadeiras especiais, encontradas em lojas de artigos para meditação, que deixam a postura de *seiza* mais confortável.

AS POSTURAS DE MEDITAÇÃO A PARTIR DA PERSPECTIVA DE MINDFULNESS

Em mindfulness, a postura de meditação não é tão exigente como nas tradições orientais e não constitui uma barreira para os ocidentais. A postura mais utilizada é a sentada e a regra mais importante é a comodidade (postura estável, ereta, digna, porém a mais cômoda possível). Excepcionalmente, recomenda-se a postura deitada, ou do astronauta. Segue uma descrição:

Postura sentada ou de dignidade

Escolha uma cadeira normal, com assento plano, encosto reto e sem braços. Não é recomendável apoiar as costas na cadeira, pois se curvarão, e sim mantê-las eretas, sem tocar o encosto. Apoie as plantas dos pés no chão, formando um ângulo de 90 graus. O queixo deve ficar levemente para baixo, e a boca fechada (recomenda-se "descansar" a ponta da língua no palato superior). As mãos ficam apoiadas sobre as coxas, com as palmas voltadas para cima e apenas uma sobre a outra, ou com o polegar tocando o dedo indicador. Em todas as posturas, na fase inicial se recomenda manter os olhos fechados (sem pressionar as pálpebras) para não se distrair. Entretanto, os olhos podem ficar semiabertos com o passar do tempo, pousando o olhar a uma distância de 3 a 5 metros, com um ângulo de 45 graus. É denominada "postura de dignidade", pois ao adquiri-la transmite ao nosso cérebro uma sensação de bem-estar, de maior confiança e autoestima.

Postura Deitada

Utilizada com frequência na prática de *body scan*. Para as demais práticas de mindfulness tal postura não é recomendada em indivíduos saudáveis. É considerada para a prática de mindfulness somente em pacientes doentes, que tenham dificuldade de permanecer sentados.

Recomenda-se o uso de colchonetes, travesseiros, almofadas e uma manta para se cobrir, já que a temperatura do corpo costuma cair. O maior problema desta postura é a grande tendência a adormecer. Conforme mencionamos, a meditação requer que as costas fiquem eretas para manter a vigília. Nesta postura, o uso de uma almofada pode ser útil para dar um apoio suave à curvatura do pescoço. Outra alternativa é usar uma almofada na região lombar, caso haja problemas de mobilidade. Em gestantes, aconselha-se deitar-se de lado, com uma almofada para apoiar o rosto sobre o braço que está próximo ao chão e manter o outro braço entre as pernas.

Postura do astronauta

Usada na prática de *body scan* por ser mais fácil para algumas pessoas. Além disso, oferece outra perspectiva muito interessante à prática, sendo este o motivo pelo qual se recomenda utilizá-la de vez em quando. Consiste em deitar-se no chão, de barriga para cima, apoiando em uma cadeira as pernas dobradas pelos joelhos. Somente a parte da perna abaixo dos joelhos deve ficar apoiada na cadeira.

Por último, as roupas devem ser confortáveis e adequadas à temperatura ambiente. Deve-se evitar calças justas (jeans, por exemplo) ou de tecido grosso. Recomendam-se calças de tecido fino e elástico, ou roupas orientais tradicionais (quimonos, por exemplo). Lembre-se de que a temperatura do corpo pode cair um pouco durante as práticas meditativas, principalmente na posição deitada, portanto o uso de uma manta leve pode evitar algum desconforto. A meditação é feita sem sapatos e, se as meias prejudicam a circulação, tire-as também.

RECOMENDAÇÕES MÍNIMAS SOBRE A POSTURA

Tabela 2. Pontos mínimos a considerar sobre a postura

- **AS COSTAS**

Permanecem eretas, porém em uma postura confortável. Não devem apoiar-se na parede nem no encosto da cadeira, pois se curvarão.

- **O PEITO**

Aberto e relaxado ao mesmo tempo, o que induzirá a uma sensação psicológica adequada.

- **AS MÃOS**

Descansam confortavelmente sobre as pernas para evitar desconforto nos ombros. Em algumas tradições (como o zen), os polegares ficam entrelaçados. As mãos são consideradas um indicador da firmeza mental necessária para uma meditação correta. Se os dedos estiverem pouco firmes, indica que estamos letárgicos. Se estiverem tensos demais, é sinal de que estamos nervosos.

- **OS PÉS**

Confortavelmente apoiados no chão.

- **O ROSTO**

É importante que não haja tensão no rosto, como costuma acontecer. Relaxe a testa, as pálpebras e os lábios, bem como a região onde a língua se apoia no palato. Todas essas áreas costumam ficar tensas.

- **OS OLHOS**

Podem estar abertos ou fechados; devem permanecer relaxados, e quando abertos, sem focar em nada específico, pousando o olhar a uns 5 metros de distância.

A RESPIRAÇÃO

É a âncora da atenção por excelência. Há muitas razões para que a maioria das tradições a tenham escolhido.

A tabela a seguir contém um resumo dos principais motivos dos benefícios da respiração, que constitui o elemento fundamental da meditação.

Tabela 3. Principais razões para escolher a respiração como âncora da meditação

- **ESTÁ SEMPRE CONOSCO**
Nem sempre os objetos externos (uma imagem, uma vela etc.) estão disponíveis. O corpo e a respiração sempre estarão conosco, não precisamos fazer nada em especial para encontrá-los.

- **NÃO GERA APEGO**
A respiração é neutra, não produz apego nem aversão como poderia acontecer com outros objetos (imagem de uma divindade ou incenso, por exemplo).

- **ESTÁ SEMPRE MUDANDO**
Considerando que permaneceremos muitas horas de nossa vida atentos a essa âncora, é importante que ela não seja imutável. Não existem duas respirações iguais, já que há uma enorme quantidade de variações sutis na intensidade, velocidade, áreas em contato com o ar, nas características do ar (umidade e temperatura). A respiração pode ser também um reflexo de nossas emoções, servindo como um termômetro do nosso estado emocional e mental.

- **ENTRE O VOLUNTÁRIO E O INVOLUNTÁRIO**
Nós ocidentais nos relacionamos com a respiração forçando-a (exercício físico), ao passo que os orientais sempre se dedicaram a observá-la, a não modificá-la. Nossa relação com a respiração é uma metáfora de nossa postura frente à vida: podemos variar desde o extremo da aceitação (ou seja, observar a respiração) até o extremo da máxima intervenção (representada por seu manejo voluntário).

> **PRÁTICA:** APRENDER A SE RELACIONAR
> COM O DESCONFORTO FÍSICO
>
> → Esta prática pode ser feita em qualquer meditação formal e usada também como meditação informal. Desconfortos e inconveniências estarão presentes ao longo de toda nossa vida, portanto essa prática pode nos servir para nos expor e para que os enfrentemos melhor. Não se pretende ser masoquista nem enfatizar o sofrimento, mas evitar a reação involuntária perante qualquer desconforto e nos deixar conscientes de nossos atos.
>
> → Adote sua postura habitual de meditação. Respire algumas vezes, sem forçar, e simplesmente observe. Permita-se experimentar a fundo todas as sensações.
>
> → Caso a mente se disperse, não há problema. Simplesmente convide-a, com amabilidade, a voltar ao ponto de ancoragem. Após manter a respiração por 10 a 15 minutos, "escaneie" seu corpo minuciosamente para ver se pode identificar algum desconforto, como coceira ou dor. Em vez de se coçar ou mudar a postura imediatamente para aliviar a sensação, permita-se manter a respiração em segundo plano e focar toda a atenção nesse incômodo. Observe as características e as mudanças produzidas de um momento a outro.
>
> → Mantenha-se na sensação de incômodo ou desconforto durante todo o tempo que puder. Caso torne-se insuportável, fique à vontade para se movimentar ou coçar a região, sem problemas. Porém, antes tente experimentar a sensação durante um tempo. Depois que houver se concentrado nesse desconforto por alguns minutos, volte à âncora da respiração antes de concluir a meditação.

PONTOS-CHAVE

→ As sensações corporais alteram nossos pensamentos e emoções de forma significativa, e vice-versa.

→ O corpo e a respiração são fundamentais, pois estão sempre no presente – objetivo essencial da meditação. É por essa razão que são considerados os pontos de ancoragem preferidos na meditação baseada em mindfulness.

→ Na prática de mindfulness, a postura de meditação não é tão exigente como nas tradições orientais e não constitui uma barreira. A postura mais habitual é a sentada em uma cadeira e o conforto é fundamental.

→ Há uma série de pontos mínimos que é recomendável observar ao adotar a postura, e que têm a ver com as costas, as mãos e os pés, o rosto e os olhos.

→ Na prática de mindfulness não se deve manipular a respiração, somente observá-la. Com o passar do tempo, acabaremos "amando" a respiração, sentindo-a como se fosse nosso "habitat" natural, como se voltássemos para casa ao meditar.

5
O QUE FAZER COM A MENTE?

> *Mindfulness é a energia*
> *que ilumina todos os objetos e atividades,*
> *trazendo-nos maior compreensão e despertar.*
> Thich Nhat Hanh

A MENTE ESTÁ SEMPRE TRABALHANDO

O cérebro humano consome de 20 a 25% do oxigênio e do fluxo sanguíneo de todo nosso organismo. Essas altas necessidades são consideradas razoáveis, devido à complexidade do funcionamento de nossa mente (por exemplo, ao ler um livro ou resolver um problema de matemática). Há poucos anos, com o aperfeiçoamento das técnicas de neuroimagem, os cientistas descobriram, com assombro, que tal consumo cerebral diminui apenas quando "não fazemos nada", ou seja, quando a mente não tem um objetivo específico a atingir. Como é possível que o consumo de oxigênio seja similar ao resolver um problema de matemática de alta complexidade e ao olhar o céu despreocupadamente?

A explicação é que a mente está sempre trabalhando. Quando não se tem uma tarefa específica (por certo na maior parte do tempo), a mente se enreda em um discurso interno interminável, tecendo comentários sobre o mundo ao redor, mas sempre com base em nós mesmos e em nossas expectativas. É o que se chama "diálogo interno" na psicologia.

Experimente. Feche os olhos e não serão necessários mais do que alguns segundos para começar a divagar, criando e gerando pensamentos. A princípio, serão avaliações sobre o que você estiver fazendo no momento ("Isto é um absurdo, para que fechar os olhos?") mas em poucos segundos surgirá o discurso habitual que temos conosco mesmos sobre as coisas que nos preocupam. (Exemplos: "Aonde vou no final de semana?", "Não suporto meu chefe", "Por que minha mulher está brava comigo se não lhe fiz nada?", "Tenho que conseguir que meu filho João estude mais"). Esse diálogo interno ativa principalmente as estruturas do cérebro frontal e é a causa do consumo de oxigênio. Tal processo foi denominado *Default Mode Network* [Rede Neural em Modo Padrão], rede que se ativa no modo automático.

Por outro lado, os cientistas também se surpreenderam ao descobrir que pessoas que passaram anos meditando não funcionavam assim. Quando a mente não tinha uma tarefa específica a realizar e não fazia nada, o discurso interno sobre si mesmo não era disparado, a mente se focalizava, espontaneamente, nas sensações corporais e sensoriais, porém não em verbalizações internas. Em outras palavras, o DMN (*Default Mode Network*) dessas pessoas era diferente. Nelas, a mente não estava sempre trabalhando. Podia descansar quando não fazia nada.

A DIFERENÇA ENTRE PENSAR DE FORMA CONSCIENTE E INCONSCIENTE

Embora a mente de um indivíduo não treinado em meditação esteja sempre pensando, podemos perceber a existência de dois grandes tipos de pensamento: os conscientes e voluntários (uma pequena porcentagem) e os inconscientes e involuntários (a grande maioria).

A diferença entre eles pode ser percebida com base em suas características:

Pensamento consciente e voluntário

Um exemplo seria preparar uma palestra que darei em alguns dias ou planejar uma conversa com minha esposa sobre um problema concreto.

No pensamento consciente, que geramos de forma voluntária, costuma haver uma certa distância entre o indivíduo e o pensamento. O envolvimento emocional não é tão intenso, é algo mais leve e os pensamentos não necessariamente se encadeiam uns aos outros de maneira contínua.

Pensamento inconsciente e involuntário

Um exemplo seria pensar continuamente em minha relação com meu chefe, com quem discuto diariamente, ou ter pensamentos persistentes sobre as dificuldades para chegar ao fim do mês.

Com esses pensamentos (que não são gerados por nós) temos uma identificação emocional. Não sentimos uma separação entre nós e os pensamentos; eles apresentam uma textura mais pesada e, geralmente, formam um fluxo ruminativo de pensamentos encadeados, inacabáveis. Não nos damos conta do tempo que passamos pensando porque somos absorvidos pelos pensamentos.

Por certo, tal distinção é acadêmica. O processo no indivíduo normal é que ele pode começar a pensar conscientemente em algo (por exemplo, o que dizer a um amigo com quem teve um problema) e, poucos segundos depois, pensar inconscientemente se durante toda sua vida foi suficientemente amado, se fez algo de mau para que não gostassem dele e como sua autoestima foi prejudicada por esse problema. Em outras palavras, tentamos pensar conscientemente em um tema para buscar soluções e, poucos segundos depois, estamos ruminando preocupações relacionadas ao tema e acabamos nos perdendo durante um tempo de forma improdutiva. A meditação nos permite ver como esse processo repete-se incessantemente.

Adestrar o macaco louco

As tradições orientais falam de nossa mente como se fosse um macaco ou um elefante louco, sempre se movimentando distraidamente, e cuja conduta é infantil e imprevisível. Assim se considera a mente não treinada de uma pessoa normal. Como adestrá-la?

Na Ásia, o processo é descrito da seguinte forma: deve-se prender o macaco em uma estaca e fincá-la firmemente no solo. No começo, o macaco gritará, ficará agitado e revoltado, querendo soltar-se da estaca. Com o passar do tempo, verá que é impossível escapar e, pouco a pouco, lutará menos e se manterá perto da estaca. Posteriormente, mesmo se estiver solto, não tentará fugir.

O processo de meditação é idêntico. O que se pretende é adestrar a mente (o macaco louco) com a corda da atenção, que está unida a uma estaca bem presa ao chão (que representa a ancoragem das técnicas de meditação). No início o macaco se rebela (a mente vai gerar cada vez mais pensamentos e mal-estar), porém ao longo do tempo em que a prática é sustentada, a mente vai se acalmando e afinal pode se soltar da corda (a âncora da respiração), e ela não foge (continua concentrada). Em suma, podemos falar de um treinamento da atenção que utiliza âncoras e, no caso das técnicas de mindfulness, usamos basicamente a respiração, as sensações e os movimentos do próprio corpo, como veremos em vários capítulos deste livro.

O fundamento da meditação

Após adotar uma postura de meditação, respirar várias vezes para acalmar a mente, tomar consciência e relaxar o corpo, o processo de meditação requer seguir a **instrução fundamental**. E, ao perceber que o foco na respiração (âncora) se perdeu, com gentileza trazer a mente de volta a ele.

Tabela 1. Etapas do processo de atenção plena na respiração

- ANCORAGEM ou CONTATO

A mente identifica o objeto da meditação – para isso, recomenda-se realizar respirações profundas de 2 a 3 vezes, para perceber onde sentimos melhor a respiração – narinas ou abdômen, e manter-se focado nesse ponto. Não se deve seguir a respiração pelas vias respiratórias, é necessário ancorar-se em um ponto fixo. Uma vez ali, sentir a respiração corporalmente, sem pensar nela, somente sentir.

- DIVAGAÇÃO MENTAL

Pouco tempo depois de nos ancorar no objeto de meditação (ponto fixo da respiração), surgirão objetos mentais (pensamentos e emoções) que vão capturar nossa atenção e fazer-nos abandonar a âncora.

- TOMADA DE CONSCIÊNCIA

Vários segundos, ou até mesmo minutos podem se passar do momento em que perdemos a âncora – devido a pensamentos e emoções –, até o momento em que nos damos conta disso. Nessa fase, nos tornamos conscientes de que nossa atenção abandonou o seu objeto. Podemos então dar um nome ao pensamento (por exemplo, preocupação com o trabalho) ou à emoção (raiva do meu chefe) que nos capturou. Esse procedimento de rotular, nomeando o pensamento ou a emoção, é uma forma de estabelecer distância destes e facilitar o retorno à âncora. Algumas escolas também "desfazem" – de trás para frente – o processo de pensamento, desde o momento em que o praticante se dá conta dele até chegar ao momento em que perdeu a ancoragem. É uma forma de aumentar a consciência do processo, porém só é eficaz se o período de divagação for curto.

- **RETORNO AO PONTO DE ANCORAGEM**
  O praticante volta ao ponto de ancoragem (neste caso, o ponto fixo da respiração). O ponto-chave aqui é não se irritar consigo mesmo (por exemplo, "sou um inútil", "nunca conseguirei meditar", "não estou fazendo isso direito"), nem com o ambiente ("tem muito barulho nesta casa", "meu filho está gritando muito e isso me distrai"). Devemos reconhecer que o processo de fixar-se na âncora e abandoná-la logo em seguida por perda de atenção (devido a pensamentos ou preocupações, por exemplo) é universal e próprio da mente humana. Desde aqui volta-se a iniciar uma e outra vez. Este é o treinamento da atenção.

No processo de meditação, este ciclo básico repete-se milhares de vezes e, sempre que se realiza, a mente aprende a não se identificar com os fenômenos mentais, e permite que apareça o observador ou a consciência-testemunha. Portanto, apesar do que muitos podem pensar, o surgimento de muitos pensamentos que distraem nossa atenção não é um indicador de uma meditação "ruim". Uma meditação assim é tão útil quanto outra na qual quase não há pensamentos nem fenômenos mentais, e que se associa a uma grande sensação de bem-estar. Ambas são boas meditações e não devemos nos apegar a uma ou a outra.

Se procurarmos indicadores para uma boa meditação, sempre sem nos apegar de forma demasiada a esse tipo de avaliação, os principais seriam:

O tempo que levamos para nos tornar conscientes de que a mente está divagando

Toda vez que começamos a divagar por alguns segundos ou minutos fora da âncora, segundo a tradição se diz que "perdemos o objeto". Como dissemos antes, a perda do objeto de atenção é um processo normal. As práticas formais de mindfulness permitem nos tornarmos conscientes rapidamente do que aconteceu e voltarmos ao objeto.

Se em uma sessão de meditação perdermos o objeto mais de 3 vezes (a mente se dispersa por vários segundos ou minutos e demora para voltar), recomenda-se começar outra vez um pouco depois, por um período mais curto de meditação (períodos de, digamos, 5 a 10 minutos).

A atitude

Se voltarmos rapidamente ao objeto e mesmo assim ficarmos irritados conosco ou com o ambiente, sem aceitar que a mente é dispersa por natureza, não estaremos desenvolvendo a atitude correta durante a meditação. Essa falta de amabilidade persistirá fora dos momentos de meditação, consigo mesmo e com outras pessoas. Com uma boa atitude, não seremos tão severos conosco e entenderemos que não existem duas meditações iguais.

MANEJAR AS DISTRAÇÕES DURANTE AS PRÁTICAS DE MINDFULNESS

Mesmo entre aqueles que praticam mindfulness há bastante tempo é frequente que a mente possa divagar ao surgir alguma distração, pensamento, sentimento ou preocupação. Nessas situações, pode-se tomar consciência de que a mente está dispersa e, com gentileza, deixar que as distrações passem, sem se irritar, sem julgá-las ou rejeitá-las e, lentamente, voltar a atenção para a respiração ou para qualquer outra âncora que estiver usando na prática.

É uma ideia errônea pensar que quando nos distraímos perdemos mindfulness. De fato, o momento mais importante da meditação é quando nos damos conta de que a mente abandonou seu objeto e fazemos com que volte a ele, o que precisamente é um momento *mindful* ou de atenção plena. A repetição contínua desse processo é o que permitirá desenvolver o observador, não se identificar com pensamentos e emoções e produzir as mudanças associadas a mindfulness.

No entanto, muitas vezes deixar que as distrações simplesmente passem pode ser uma tarefa difícil e incômoda, sobretudo frente a pensamentos e emoções com os quais nos identificamos muito e que estão associados a uma elevada carga emocional. Algumas técnicas podem nos ajudar a lidar de modo mais eficaz com essas situações. Encontram-se resumidas na tabela a seguir.

Tabela 2. Algumas técnicas para lidar com as distrações em mindfulness

TÉCNICAS COGNITIVAS:
Tentamos tirar a força dos fenômenos mentais com pensamentos específicos.

• **Rotular**
Dar um nome aos pensamentos e emoções que surgem (principalmente se nos capturam) é uma forma de nos distanciarmos deles e observá-los com objetividade, para que possamos voltar à âncora mais facilmente. Devem ser nomes simples, que descrevam de modo objetivo o tipo de fenômeno em questão (sem julgá-los nem qualificar se são agradáveis ou desagradáveis). Exemplos: "pensamento", "preocupação", "planejando", "tristeza", entre outros.

• **Não são a realidade**
Quando somos tomados por pensamentos e emoções, podemos dizer a nós mesmos as seguintes frases: "São apenas fenômenos mentais, não são a realidade". Desta maneira, tendem a perder a força em nós, já que o principal problema é que confundimos nossos pensamentos com a realidade.

5 – O que fazer com a mente?

- **Oi, obrigado, tchau**

Dizer mentalmente as palavras "oi", "obrigado" e "tchau" a um pensamento ou emoção que surge e nos invade.

- **O lago**

Imaginamos que estamos à beira de um lago de água extraordinariamente límpida, porém com terra no fundo. Cada pensamento que surge equivale a atirar uma pedra no lago. A água revolve a terra, que deixa a superfície suja e não permite ver nada. Quando a mente se acalma e não há pensamentos, a terra volta ao fundo do lago e a água fica clara.

- **Estourar balões**

Imaginamos que estamos em um aposento amplo, espaçoso e vazio (nossa mente). De vez em quando, surgem nele balões de diversos tamanhos e cores, que representam nossas emoções e pensamentos. Com a agulha da atenção, observamos objetivamente esses balões e os estouramos para que desapareçam. Assim, tudo o que resta é o lugar vazio e amplo, que é nossa mente.

- **O espelho**

Imaginamos que à nossa frente há um espelho gigante, reluzente, transparente e muito limpo. É a nossa mente. Diante do espelho aparecem todos os tipos de emoções e pensamentos terríveis, que não aceitamos porque os consideramos indignos. São representados como uma pequena montanha de excrementos, vermes e pestilência. No entanto a mente só reflete essa sujeira, sendo incapaz de macular-se com ela. Quando essas emoções e pensamentos terríveis desaparecem (como ocorre com todos os fenômenos mentais), nossa mente (o espelho) permanece pura e cristalina, pois essa é sua natureza essencial, que não pode ser modificada.

COMO É O FUNCIONAMENTO MENTAL DE ALGUÉM QUE PRATICA MEDITAÇÃO COM REGULARIDADE

Dedicamos um capítulo específico ao mecanismo de ação de mindfulness. Aqui descreveremos alguns aspectos do funcionamento da mente na pessoa que a pratica. Mais uma vez, lembre-se de que nas práticas de mindfulness não devemos buscar frutos, caso contrário já não estamos na prática.

As mudanças aparecerão à medida que se pratica de maneira precisa, sem expectativas. As principais mudanças observadas na pessoa que pratica com regularidade estão resumidas na tabela 3.

Tabela 3. Principais mudanças no funcionamento da mente produzidas pela prática regular de mindfulness

- **DESACELERAÇÃO DOS PROCESSOS MENTAIS**
A luz da atenção faz com que os processos mentais diminuam e ocorram de forma mais lenta, permitindo que sejam compreendidos pelo indivíduo.

- **SURGIMENTO DA FIGURA DO "OBSERVADOR" CONSCIÊNCIA-TESTEMUNHA**
Uma parte da nossa consciência aparece nitidamente como observadora de tudo que acontece, como testemunha objetiva, imparcial, dos processos mentais e corporais (sensações, pensamentos, emoções). Aqui podemos usar outra imagem: a de adestrar um "cavalo" selvagem (a mente desprovida do treinamento da atenção). À medida que adestramos "o cavalo selvagem" (a mente) por meio do treinamento da atenção, a mente pode ser "montada", ou seja, podemos observar nossos processos mentais e corporais sem "cair" (sem ser capturado por eles nem reagir de modo disfuncional), inclusive em momentos difíceis, como em situações de alto nível de estresse ou frustrações.

• DIMINUIÇÃO DO DIÁLOGO INTERNO

A mente não está continuamente falando consigo mesma sobre o eu e sua relação com o mundo. Começa a aparecer um silêncio interno na maior parte do tempo.

• AUMENTO DAS SENSAÇÕES CORPORAIS

Na maioria dos momentos em que a mente não tem uma tarefa específica há apenas diálogo interno, o que dá margem ao aparecimento de maior consciência dos processos corporais (por exemplo, a respiração, a postura e o movimento).

• DESIDENTIFICAÇÃO COM OS PROCESSOS MENTAIS

O indivíduo pode perceber os fenômenos mentais de modo mais objetivo e sem apego. Ao sentir que a raiva vai surgir, observa como aparece esse sentimento. Não pensa que é alguém inútil, mas observa como surgem pensamentos de baixa autoestima. Observa o surgimento de pensamentos e emoções mas não se identifica com eles.

• REGULAÇÃO DAS EMOÇÕES

Pode observar como surgem as emoções, identificar o tipo de emoção e os efeitos que produz no corpo e na mente. Em vez de ficar enredado nos pensamentos que a emoção gera e "ruminá--los" em um ciclo interminável, de modo distanciado observa as mudanças produzidas pela emoção, até que vão perdendo força e desaparecendo.

• MUDANÇA NA CONSCIÊNCIA DO EU

Como apenas há diálogo interno, e os pensamentos e as emoções são observados sem o mecanismo de identificação, a imagem do eu muda. Não há uma ideia rígida e determinista de como sou eu, com minhas virtudes e defeitos (que se mantém mediante o diálogo interno), mas sim uma ideia dinâmica e em constante mudança sobre nós mesmos, que depende das circunstâncias. Essa mudança, que é notada na linguagem (não usar continuamente o pronome eu) permite maior liberdade para prosseguirmos, pois não nos converte em produtos acabados.

• POUCO INTERESSE PELA CONQUISTA DE OBJETIVOS

Os objetivos são expectativas concretas a respeito daquilo que nosso eu almeja atingir para satisfazer certas necessidades. Como a consciência do eu muda e os objetivos (que não deixam de ser um tipo de pensamento voltado a um fim, ligado a uma suposta emoção positiva no futuro) são observados com desidentificação, deixam de ter tanto interesse para nós.

• ACEITAÇÃO DOS PROCESSOS MENTAIS E DAS CIRCUNSTÂNCIAS EXTERNAS

Todas essas mudanças mencionadas levam à autoaceitação – incluindo aspectos negativos dos quais não gostamos, sem negá-los ou rejeitá-los – bem como à aceitação da realidade externa. Mais adiante há um capítulo sobre a aceitação total da realidade, que nos permitirá compreender melhor esse processo.

• MAIOR SENSAÇÃO DE PAZ E BEM-ESTAR

Todos os pontos anteriores implicam que o indivíduo desenvolva maior sensação de paz e bem-estar. Não por isso deixará de meditar, já que é a forma natural do funcionamento mental, é como "voltar para casa".

PRÁTICA: OI, OBRIGADO E TCHAU

➔ Já vimos que esta é uma prática que podemos fazer de forma individual quando surgirem pensamentos e emoções com forte carga emocional. Contudo, fazê-la em grupo também é muito útil.

➔ Formamos grupos de 3 ou 4 pessoas. Uma delas permanecerá sentada, com os olhos fechados, escutando as palavras ou frases que lhe serão ditas pelos colegas. Receberá a instrução de sentir como se esses pensamentos fossem seus (e não oriundos do exterior) e de lidar com eles fazendo o exercício "oi, obrigado e tchau", conforme explicamos antes.

➔ As outras duas ou três pessoas se movimentarão em círculo ao seu redor e, de forma ordenada e sequencial, dirão ao seu ouvido uma frase ou palavra em primeira pessoa, como se tivesse sido gerada por ela. Devem ser conteúdos que se diz a si mesmo habitualmente e devem variar de modo que se intercalem frases positivas (por exemplo, "sou o melhor", "faço tudo bem feito") com frases negativas ("não sirvo para nada", "ninguém me quer") e neutras ("amanhã preciso fazer compras", "chove"). As pessoas fazem um rodízio, até que todas tenham se sentado e realizado esse exercício.

➔ A pessoa que está sentada deve tentar escutar esses pensamentos externos como se fossem seus, ver que diferença faz que eles sejam externos ou internos, analisar sua capacidade de lidar com eles no exercício "oi, obrigado e tchau" e se isso pode ser útil em sua prática habitual.

PONTOS-CHAVE

→ A mente está sempre trabalhando. Quando não tem uma tarefa específica a desempenhar, enreda-se em um discurso interior interminável, que comenta o mundo com base em nós mesmos e em nossas expectativas. É o chamado "diálogo interno".

→ Existem dois principais tipos de pensamento:

• **Conscientes e voluntários**
São gerados por nós, há distanciamento, não nos prendem tanto emocionalmente e não se encadeiam uns aos outros de modo contínuo.

• **Inconscientes e involuntários**
Não são gerados por nós, nos identificamos emocionalmente porque não há separação entre o pensamento e nós. Constituem um fluir ruminativo de pensamentos encadeados e inacabáveis.

→ O processo de meditação (práticas formais de mindfulness) tem quatro fases:

• **Ancoragem**
A mente identifica o objeto de meditação e se mantém nele.

• **Divagação mental**
Logo surgem objetos mentais que se apoderam de nossa atenção e nos fazem abandonar a âncora.

5 – O QUE FAZER COM A MENTE?

• Tomada de consciência
Percebemos que perdemos a âncora. Isso pode ser imediato ou levar segundos, ou até mesmo minutos.

• Retorno suave ao ponto de ancoragem
O indivíduo volta ao ponto de ancoragem sem se irritar consigo mesmo ou com o ambiente.
A partir daí reinicia-se o processo outra vez.

➔ É uma ideia errônea pensar que quando nos distraímos perdemos mindfulness. De fato, o momento mais importante da meditação é quando nos damos conta de que a mente abandonou seu objeto e fazemos com que volte a ele (momento *mindful*).

➔ Se procurarmos indicadores de uma boa meditação, sempre sem nos apegar de modo demasiado a esse tipo de avaliação, os dois principais seriam:

• O tempo que levamos para nos tornar conscientes de que a mente está divagando.

• Manter uma atitude de aceitação perante nós mesmos e perante o mundo cada vez que perdemos o ponto de ancoragem e voltamos a ele.

6
Os principais problemas que surgem na meditação

Se um problema tem solução, por que se preocupar?
E, se não tem solução, por que se preocupar?
Provérbio chinês

INTRODUÇÃO

Assim como em qualquer atividade humana, todas as pessoas que praticam mindfulness cedo ou tarde terão problemas (físicos, psicológicos etc.). Habitualmente nós, seres humanos, fugimos ou evitamos o desagradável e só queremos encontrar situações agradáveis e cômodas. Porém, isso não é realista. Se agirmos assim na vida (como em geral faz a maioria das pessoas), tentaremos fazer o mesmo na meditação.

A prática de mindfulness recomenda viver os problemas como oportunidades e enfrentá-los com uma atitude equânime: sem irritar-se com o mundo nem consigo mesmo, e sim aceitando que na vida existem problemas e que vamos nos deparar com eles. Por outro lado, a essência de mindfulness consiste em ser amável consigo próprio e com aspectos que não gostamos em nós. A seguir, descreveremos alguns dos principais problemas que podem surgir, principalmente durante as práticas formais.

PROBLEMAS FÍSICOS

Dor

A dor está, acima de tudo, ligada a certas posturas de meditação, como a postura de lótus e de semilótus, consideradas muito importantes em algumas tradições. Em mindfulness a postura é muito cômoda, mas apesar disso é possível experimentar um pouco de dor em meditações longas ou em retiros. Devemos tentar descobrir a origem dessa dor (roupa inadequada para a meditação, posição imprópria, alguma causa física ou doença) e tentar solucioná-la. É recomendável comentar esse problema com o seu instrutor. Em geral, os incômodos físicos vão diminuindo com a prática.

Entretanto, apesar de termos tomado as medidas necessárias para resolver a dor – e mesmo com anos de prática – em algumas ocasiões é normal sentir um pouco de dor durante a meditação, assim como é frequente experimentar um pouco de mal-estar, de vez em quando, no dia a dia. Para essa dor residual, de pequena intensidade mas muitas vezes inevitável, o que se recomenda na prática de mindfulness é convertê-la no objeto de meditação. Se todas as medidas razoáveis para aliviar a dor já foram tomadas e ela persiste, é provável que essa sensação o desvie da respiração ou da âncora escolhida. Nesse momento, transforme a dor no foco da atenção, com suavidade. Focalize na sensação sem julgá-la.

Logo observaremos dois tipos de resistência de nossa parte: por um lado, uma resistência física; como forma de compensação, outros músculos (não envolvidos na dor) também se contrairão, aumentando a sensação de mal-estar. Concentre-se nesses músculos e vá distensionando um por um. Quando conseguir relaxá-los, a sensação de dor terá diminuído. Por outro lado, há também uma aversão mental, às vezes não mediada por um pensamento concreto. A razão é que existe uma separação entre o eu que observa a dor e a sensação de dor. Se puder mergulhar na sensação, irá fundir-se com a dor de modo progressivo. Desta forma, a sensação de "alguém sentindo dor" irá desaparecendo, convertendo-se em pura sensação, sem rotular.

Fundir-se com a dor ou transformá-la no objeto de meditação não significa ter perdido a âncora ou estar meditando "mal". A atenção deve estar sempre unida a um objeto, e é indiferente que esse objeto seja a respiração, a dor ou outro ponto de ancoragem.

Sensações estranhas

Dado que na meditação nos dedicamos a observar de forma sistemática tanto o exterior como o interior, vamos tomar consciência de muitas sensações que não experimentamos de modo habitual. Algumas sensações físicas fazem parte da vida diária (coceira, ardência, adormecimento de partes do corpo, cócegas), mas mal as percebemos, pois logo mexemos o corpo inconscientemente, ou nos coçamos ou fazemos alguma coisa para resolver a situação.

Durante a meditação essas pequenas sensações se intensificam. O recomendado é manter a imobilidade física e não cair na tendência natural de coçar-se ou movimentar-se. Pode-se observar os processos físicos e mentais e movimentar-se apenas se a sensação for muito incômoda. Assim como no caso da dor, a proposta da prática de mindfulness é transformar essa sensação na âncora da meditação.

Inquietação

É uma sensação física e psicológica de mal-estar associada ao desejo de mover o corpo e à ansiedade psicológica. Muitas pessoas se afastam da meditação porque sentem inquietude. Isso é mais frequente em indivíduos que apresentam ansiedade de base. Quase sempre existe algum medo reprimido, inconsciente, que se ativa com a meditação. A maioria dessas pessoas aprendeu que o mundo é um lugar ameaçador e que a única forma de estar seguro é o estado de alerta constante (o que constitui o transtorno de ansiedade). A meditação, por definição, é contrária a esse estado de alerta, mas reativa esse medo inconsciente e infantil.

O recomendado é manter a prática da meditação, porque com o tempo essas camadas superficiais (a ansiedade) vão desaparecendo e a origem autêntica se manifestará (por exemplo, alguma experiência desagradável vivida na infância). Se não for possível ou se não quisermos seguir essa recomendação, poderemos modificar a prática prolongando a expiração, pois isso ajuda a acalmar a ansiedade (inspirações mais intensas ativam a pessoa). Outra opção é substituir a meditação com foco na respiração pela meditação andando, já que esta é bem mais tolerável para pessoas com ansiedade.

Sonolência

Muitas pessoas experimentam sonolência quando começam a meditar. Em geral, estamos tão acostumados à atividade que o relaxamento associado à meditação pode nos levar a esse estado. O objetivo de mindfulness não é dormir (embora algumas práticas – como o *body scan* ou escaneamento corporal – possam ser usadas com essa finalidade). As mudanças psicológicas e físicas que a meditação produz requerem que o indivíduo esteja desperto. É conveniente analisar os fatores físicos que podem facilitar o sono: se vamos meditar após as refeições, a alimentação deve ser leve; se estamos muito cansados, seja por excesso de trabalho físico ou porque dormimos mal, o mais sensato é nos recuperarmos antes de começar a meditar. Se a sonolência for leve, podem ser feitas algumas inspirações mais vigorosas no início da prática para despertar, ou intensificar a inspiração, para ativar o sistema simpático. Outra opção é lavar o rosto com água fria.

Embotamento ou torpor

À medida que a meditação avança, o relaxamento vai se tornando mais profundo, podendo levar a um estado de torpor. Consiste em uma sensação de quietude e relaxamento corporal, associada a um bem-estar mental. O problema é que o objeto de meditação é abandonado e o praticante é tomado por uma sensação de deleite e de dissolução da consciência corporal. É comum o indivíduo pensar que está atingindo graus profundos de concentração quando na realidade se perdeu. É necessário voltar a atenção ao objeto da meditação e à sensação de alerta relaxado que a caracteriza.

PROBLEMAS PSICOLÓGICOS

Dispersão mental

Segundo a tradição oriental, durante a meditação estamos continuamente oscilando entre a dispersão (sobretudo no princípio) e a sonolência ou o embotamento (em fases posteriores). Certamente será mais difícil manter a atenção se, alguns minutos antes da meditação, você tiver discutido com alguém ou visto um filme ou recebido algum estímulo que o impressionou. É normal que esses estímulos apareçam durante a prática. Levar uma vida tranquila é um fator que favorece a prática (e é por essa razão que as tradições orientais enfatizam a conduta ética).

De qualquer forma, o surgimento da dispersão não é motivo para abandonar a meditação. Conforme já comentamos, uma "boa" meditação não implica ausência de pensamentos, mas sim a capacidade de observar nossa experiência corporal ou estado mental com aceitação e curiosidade sincera.

Tédio

Para a mentalidade ocidental, pode ser que a ideia da meditação seja de algo muito entediante. Permanecer 30 minutos observando um fenômeno aparentemente tão monótono como a respiração não parece muito interessante. Entretanto, não existem duas respirações iguais. A tradição aborda os vários aspectos que devem ser observados na respiração (temperatura do ar, profundidade da respiração, regiões do nariz que estão em contato com a respiração, intervalos entre inspiração–expiração e expiração–inspiração etc.).

Uma estratégia pode ser observar as características singulares da respiração; outra estratégia (conforme explicamos no caso de outros obstáculos) é observar o tédio em si: Como acontece o processo de pensamento? Que sensações físicas o acompanham?

Medo

Por mais estranho que pareça, o medo é um sentimento que surge com frequência em meditantes à medida que avançam na prática. Pode ser gerado por várias causas: a mais frequente são lembranças – mais ou menos traumáticas – submersas no inconsciente e encobertas pelo diálogo interno habitual. A meditação produz uma redução significativa desse diálogo interno, que pode facilitar a erupção desses componentes inconscientes no mundo consciente.

Muitas vezes, o simples fato de tomar consciência e observar sua natureza faz com que o medo perca a força. Às vezes, pode ser necessária a ajuda de um profissional para aprendermos a lidar com isso. Em outras ocasiões, bem menos frequentes, as experiências associadas à meditação descritas nos textos tradicionais podem produzir certa dissolução do eu e gerar uma sensação de terror frente à perda do eu.

Rejeição à meditação

É frequente qualquer meditante ter períodos de rejeição à meditação. Em geral, é uma emoção de curta duração, que desaparece poucos minutos após o início da prática. Em outros casos, pode estar relacionada a uma das dificuldades específicas descritas anteriormente (por exemplo: dor, sensações estranhas ou tédio) e, portanto, podem ser usadas as estratégias mencionadas antes. Por último, se a resistência for sistemática e observada em quase todas as sessões, certamente teremos que refletir sobre a prática de meditação. É possível que tenhamos resistências religiosas, filosóficas ou de natureza profunda que impeçam que nos beneficiemos da prática.

Excesso de zelo

Em qualquer tipo de atividade, os principiantes tendem a ter expectativas desmedidas, pouco realistas. E costumam pensar que podem atingi-las de imediato, bastando para isso um pouco mais de dedicação diária. Assim como em muitas outras atividades da vida, a maestria na meditação não depende tanto do tempo dedicado à prática durante um curto período de tempo, mas da bagagem de anos de prática regular, ainda que o tempo dedicado diariamente não seja muito longo. Em resumo, é uma "maratona", não um *sprint*. Alguns principiantes esperam obter resultados ou experiências especiais de forma imediata e por isso praticam em excesso. Essa atitude antinatural costuma gerar incômodo e irritabilidade em relação a si mesmo e ao mundo, porque o corpo e a mente resistem.

PRÁTICA: O PERDÃO

→ Fique em sua postura habitual de meditação. Faça algumas respirações conscientes, e sinta o corpo como um todo. Se em algum momento a prática lhe parecer muito intensa, volte para a respiração ou para o corpo.

→ Comece com as pessoas que você possa ter magoado. Pense na frase: "A qualquer pessoa que eu possa ter ferido ou magoado, consciente ou inconscientemente, peço perdão". Caso surja alguma imagem ou lembrança de alguém que você sente ter prejudicado, repita para si mesmo, abraçando-se (como se abraçasse essa pessoa): "Peço-te perdão". Permaneça alguns segundos com duas ou três pessoas com as quais sinta que teve algum conflito. Envie-lhes todo seu amor, usando frases empregadas em *metta*: "Que tudo corra bem com você! Que você seja feliz! Que alcance a paz!"

→ Continue com as situações em que você causou dano a si mesmo. Repita a frase: "Por todas as vezes que me prejudiquei, consciente ou inconscientemente, me perdoo". Se não surgirem imagens relacionadas, visualize alguma dessas situações, abrace-se com afeto usando as frases de *metta*.

→ Por último, apenas se conseguir e respeitando seus limites (sem forçar), finalize a prática com as pessoas que o feriram ao longo da vida. No início, certamente não conseguirá fazê-lo com certas pessoas. É como plantar uma semente ou iniciar um caminho que levará tempo para ser percorrido, mas que vale a pena. Repita: "Àqueles que me feriram ou prejudicaram ao longo da vida, consciente ou inconscientemente, ofereço meu perdão". Se não conseguir perdoá-los, substitua a frase por outra que reflita sua situação atual: "Gostaria de poder perdoar-lhes, ..., em algum momento, ainda que agora não o possa", ou algo semelhante. Se surgirem emoções de ódio ou raiva, volte para a respiração. Quando a emoção tiver se acalmado (centrando-se nas sensações corporais associadas à emoção), direcione sentimentos de afeto a si mesmo, pois você está sofrendo neste momento.

→ Quando sentir que está pronto para finalizar essa parte, faça algumas respirações conscientes, sinta o corpo em sua totalidade e, quando quiser, abra os olhos.

PONTOS-CHAVE

→ Mais cedo ou mais tarde, todas as pessoas que praticam mindfulness terão problemas, tanto físicos como psicológicos. A prática de mindfulness recomenda viver os problemas como oportunidades e enfrentá-los com equanimidade: sem irritar-se com o mundo ou consigo mesmo.

→ Talvez você sinta dor ao meditar. A dor costuma produzir dois tipos de resistência: de um lado, uma resistência física. Para compensar a dor, outros músculos (não envolvidos na dor) também se contraem, aumentando a sensação de mal-estar. Há também uma rejeição mental, às vezes não mediada por um pensamento concreto.

→ Se você puder mergulhar na sensação de mal-estar, irá fundir-se com ela de modo progressivo. Desta forma, a sensação de "alguém sentindo dor" irá desaparecendo aos poucos, convertendo-se em pura sensação, sem rotular.

→ A recomendação para lidar com a inquietação é manter a meditação, porque com o tempo, irá desaparecendo. Se não pudermos seguir tal recomendação, poderemos modificar a prática prolongando a expiração, pois isso ajudará a acalmar a ansiedade. Outra opção é praticar a meditação andando.

→ Para lidar com outros problemas, como torpor, tédio, medo, excesso de zelo ou rejeição à meditação também pode-se usar algumas técnicas específicas.

7
AS PRÁTICAS FORMAIS DE MINDFULNESS

*Qual uma bela flor brilhante mas sem fragrância,
Assim infrutífera é a bem-falada palavra daquele que não a pratica.*

Buda

INTRODUÇÃO

Mindfulness estrutura-se em uma série de práticas formais nucleares (em geral, técnicas de meditação) que constituem sua essência. A natureza das técnicas é basicamente a mesma, conforme apresentamos no capítulo 5 (treinamento da atenção por meio de uma ancoragem), porém o que muda é o tipo de âncora (respiração, sensações e movimentos corporais).

Os diferentes tipos de âncora permitem-nos entrar em contato com distintos tipos de experiência, e nos oferecem a possibilidade de praticar diferentes técnicas, sempre com a mesma atitude de aceitação, abertura e curiosidade. A Tabela 1 resume as principais práticas:

Tabela 1. As principais práticas formais de mindfulness	
• A prática da "uva-passa" • Mindfulness baseada na respiração • *Body scan* ou escaneamento corporal	• Mindfulness caminhando • Mindfulness nos movimentos corporais • A prática dos três minutos

A seguir, descreveremos essas práticas. Mindfulness também inclui recomendações para a realização de práticas informais e este tema será abordado especificamente no capítulo 8. A essas práticas nucleares somam-se outras, que não surgiram originalmente de mindfulness mas, por serem eficazes, foram incluídas em vários programas. São as seguintes:

— Mindfulness e compaixão (descrita no capítulo 9)

— Mindfulness e valores (capítulo 10)

— Mindfulness sem praticar meditação: a aceitação radical (capítulo 12)

A PRÁTICA DA "UVA-PASSA"

É considerada a prática inicial de mindfulness. Serve para explicar, por meio da experiência, o que é mindfulness para pessoas que apenas ouviram falar dessa disciplina. Descrita no capítulo 1.

Existem variações para essa prática, que pode ser realizada com outros alimentos mais agradáveis ao paladar (por exemplo, o chocolate). A técnica, denominada "saborear", consiste em degustar o alimento de maneira lenta, tentando experimentar todo o prazer produzido ao ingeri-lo, mantendo a atenção nas sensações mas sem se deixar capturar por uma sensação gustativa ou olfativa agradável. A técnica de "saborear", aplica-se não apenas aos alimentos, mas a qualquer sensação percebida na vida diária. Também é utilizada na psicologia positiva.

PRÁTICA DE MINDFULNESS NA RESPIRAÇÃO

A prática centrada na respiração é uma das técnicas de mindfulness mais conhecidas e realizadas. Utiliza-se a própria respiração como âncora, e baseia-se nas experiências e sensações de "respirar sabendo que se está respirando", isto é, com a atenção na respiração, momento a momento. É segura e fácil de praticar, para qualquer pessoa ou para pacientes.

TÉCNICA: MINDFULNESS NA RESPIRAÇÃO

→ **Primeiro passo.** Adote uma posição cômoda, sentada ou deitada, permitindo que o corpo se estabilize, lentamente, nessa posição. Pode-se fazer uma ou duas respirações mais profundas para levar a atenção ao corpo e, aos poucos, comece a notar as sensações nesse momento (o contato do corpo com o chão, com a esteira ou a cadeira, a temperatura da pele, sensações em geral etc.).

→ **Segundo passo.** Aos poucos, comece a tomar consciência da respiração. Pode-se levar a atenção aos movimentos do tórax e do abdômen durante a inspiração e a expiração e/ou às sensações da passagem do ar que entra e sai pelas narinas durante a respiração. Posteriormente, pode-se contar as respirações (numerando cada ciclo de respiração: inspiração-expiração um, dois, três etc.). Em geral, recomenda-se contar até dez e começar novamente a partir do número 1, evitando que a contagem se converta em distração. É importante seguir o fluxo natural da respiração, sem tentar alterá-lo, apenas observando-o e tomando consciência dele.

> → **Terceiro passo.** De modo eventual, a mente irá divagar quando surgir alguma distração, pensamento, sentimento ou preocupação. Nessa situação pode-se, gentil e simplesmente, tomar consciência de que a mente está divagando e deixar que as distrações passem, sem irritar-se ou julgá-las e, devagar, voltar a dirigir a atenção e a observação para a respiração.
>
> → **Quarto passo.** Antes de terminar a sessão, volte a levar a atenção para as sensações de todo o corpo neste momento e, aos poucos, finalize a prática.

BODY SCAN OU ESCANEAMENTO CORPORAL

Na prática do "escaneamento corporal" (*body scan*), a âncora para manter a atenção no momento presente são as sensações de cada parte do nosso corpo, que são analisadas em detalhes e progressivamente durante a técnica, mantendo-se uma atitude de abertura e aceitação frente ao que surgir. Pode-se imaginar que se trata de escanear, com a mente, todo o corpo, com atenção plena. Essa prática pode ser realizada começando da cabeça em direção aos pés, ou vice-versa. A direção "cabeça-pés" em geral pode produzir uma sensação maior de relaxamento e, algumas vezes, induzir ao sono.

A técnica costuma ser realizada na posição deitada, mas pode ser feita em qualquer posição que o praticante considerar confortável. Uma variação interessante para pessoas com problemas físicos é a "postura do astronauta" (deitado de barriga para cima, com os joelhos flexionados e as pernas apoiadas, dos joelhos aos pés, em uma cadeira.) A temperatura do corpo, como indicado antes, pode baixar um pouco durante a prática, portanto recomenda-se deixar uma manta ao lado e utilizá-la, se necessário.

PRÁTICA: *BODY SCAN* – ESCANEAMENTO CORPORAL

Primeiro passo. Uma vez decidida a posição para a prática (sentada ou deitada), relaxe o corpo na superfície onde você está apoiado da forma mais confortável possível. Pode-se imaginar que o corpo está perfeitamente sustentado pelo solo ou pelo planeta Terra, sem necessidade de oferecer resistência frente a isso. Ao se deitar, pode-se deixar que os braços e as mãos fiquem ao longo do corpo, com as palmas voltadas para cima. As pernas também se esticam, com os pés pendendo confortavelmente para o lado.

Segundo passo. Antes de começar a técnica em si, pode-se realizar uma breve prática de mindfulness na respiração, tomando consciência, por alguns instantes, dos movimentos do peito e do abdômen.

Terceiro passo. Agora pode-se decidir se deseja começar a prática pela cabeça ou pelos pés, de acordo com a preferência, a comodidade ou a necessidade.

Quarto passo. Se escolher começar pela cabeça, pode-se explorar as sensações em todo o couro cabeludo, da base do pescoço até a testa, observando, devagar e conscientemente, todas as sensações nessa parte do corpo (temperatura, contato com o ar, com as roupas, o chão, a esteira etc.), incluindo as sensações agradáveis mas também os possíveis pontos de tensão, dor ou desconforto. Do mesmo modo, deve-se percorrer toda a cabeça, incluindo a testa, as sobrancelhas, os olhos, o nariz, os lábios e a boca, as orelhas, ambos os lados do rosto e a mandíbula. Em seguida, explora-se a região ao redor do pescoço, na frente e atrás. Depois a atenção se desloca para os ombros e para outras partes do corpo: mãos e braços, peito e abdômen, toda a extensão das costas, quadris e, finalmente, as pernas e os pés.

Caso opte por começar pelos pés, explore primeiro as sensações da temperatura deles, de preferência um pé de cada vez, incluindo os dedos. Do mesmo modo, continua-se explorando as pernas e demais partes do corpo até chegar ao topo da cabeça.

Quinto passo. Se observar qualquer tensão, desconforto ou dor em alguma região específica do corpo durante a prática, além de explorar "mais de perto" a natureza dessa tensão, desconforto ou dor, imagine-se também suavizando a região corporal ao redor dessa sensação enquanto a explora. Outra opção é imaginar que você está "respirando" com essas partes específicas do corpo, o que pode ajudar a aliviar um pouco o mal-estar.

Sexto passo. Antes de encerrar a prática, deve-se explorar por algum tempo as sensações do corpo como um todo. Em seguida, realiza-se algumas respirações mais profundas e movimentos lentos de alongamento de todo o corpo, para facilitar a fase de transição, até que se finalize totalmente a prática.

Existe uma variação dessa prática, utilizada nas práticas de compaixão e denominada *"body scan* compassivo". Falaremos sobre a compaixão no capítulo 9, mas incluímos essa prática aqui por ser semelhante ao *body scan*.

Prática: *body scan* compassivo

Adote a postura sentada habitual de meditação ou deite-se de barriga para cima, conforme se costuma fazer na prática de *body scan*. Use alguma das práticas de curta duração que recomendamos neste livro (escutar os sons, sentir o contato de partes do corpo ou a respiração) para desconectar-se das preocupações e emoções antes de começar a praticar.

Leve sua atenção à cabeça, à testa (região frequentemente contraída na forma de rugas transversais), aos olhos (tendo o cuidado para não pressionar as pálpebras), à boca (mantendo a língua apoiada no palato e os lábios relaxados). Perceba o rosto e a cabeça como um todo. Caso sinta dor ou mal-estar, dê atenção compassiva a essa parte do corpo, desejando que se recupere logo e agradecendo-lhe por sua função.

Passe para o pescoço e a garganta, permitindo que se relaxem, e levando sua atenção a qualquer tensão ou mal-estar. Continue descendo pelos ombros e tórax, preenchendo todo o corpo com uma sensação de bondade e afeto. Observe qualquer desconforto e convide-o a se suavizar e diluir. Leve sua atenção compassiva a qualquer dor ou emoção negativa. Não resista, deixe que seja assim.

Leve a atenção a ambos os braços, simultaneamente, desde a parte superior até os dedos. Se estiver passando por algum problema neste momento de sua vida, coloque a mão sobre o coração, sentindo que esse contato o reconforta e suaviza a emoção negativa. Continue passando pelo umbigo, as costas, a pelve, levando sua atenção compassiva a qualquer zona de mal-estar. Você também pode voltar a atenção à respiração e repetir as frases da prática de *metta*: "Que eu tenha saúde", "Que eu me sinta seguro", "Que eu tenha paz", ou outras frases que lhe façam mais sentido. Simplifique, dizendo apenas "paz", "saúde", "bem-estar" etc.

Leve a atenção a ambas as pernas, simultaneamente – desde a parte superior até a ponta dos pés. Se alguma região estiver tensa, leve sua atenção compassiva até ela. Às vezes pode ser muito difícil focar a atenção em uma determinada área do corpo por estar associada a uma lembrança desagradável. Se isso acontecer, pule essa região, se preferir. Agradeça ao seu corpo por tudo o que faz por você.

Finalize com um sentimento de compaixão por todo o seu corpo, mesmo que você não aprecie algumas regiões ou sinta-o com mais ou menos peso do que gostaria, mesmo com as doenças ou deformidades que você possa ter. Sinta que pode gostar de seu corpo como ele é agora, mesmo que não seja perfeito. De forma progressiva, vá movimentando as diferentes partes de seu corpo, tomando consciência de que está voltando ao lugar de meditação. Tente levar essa atitude autocompassiva pelo resto do dia.

PRÁTICA DE CAMINHAR COM ATENÇÃO PLENA

Uma forma simples de praticar mindfulness em nosso dia a dia é caminhar com atenção plena, ou meditar andando (*walking meditation*). Nesta prática, a âncora para trazer nossa consciência ao momento presente são as experiências e sensações que se produzem ao "andar sabendo que se está andando", ou seja, andar com atenção plena.

A meditação andando pode ser praticada em nosso local de trabalho, em casa, na rua (a caminho do trabalho) ou em qualquer outro local. Deve-se sempre cuidar para que a prática seja segura, isto é, de que no lugar escolhido não existe possibilidade de ocorrerem acidentes devidos a distrações do mundo externo durante a técnica. O ideal é praticá-la em meio à natureza – com os pés em contato com o chão ou sobre a grama – mas também pode-se realizá-la em uma sala ou em um local tranquilo.

Pessoas com dificuldade de locomoção, com algum tipo de dor crônica ou que não possam andar por alguma razão devem praticar respeitando seus limites ou simplesmente "imaginar" que estão fazendo a prática.

PRÁTICA: MEDITAÇÃO ANDANDO

Primeiro passo. Permaneça em pé, em uma posição confortável, com a base dos pés um pouco mais ampliada (isso melhora a estabilidade durante a prática, evitando quedas ou perda de equilíbrio). Em geral, a técnica é praticada de preferência descalço, e de olhos abertos, porém com o olhar relaxado, sem focar em um ponto específico. Deve-se evitar olhar para os pés ao andar o que constitui um reflexo normal durante a prática, e focar a atenção nas sensações de cada movimento, sem olhá-los. Pode-se também fechar os olhos, se preferir e se estiver em um local seguro.

Segundo passo. Em pé, pode-se começar realizando uma ou duas respirações mais profundas, levando lentamente a atenção para o corpo. Depois, pouco a pouco, vai-se tomando consciência das sensações nos pés nesse momento: o contato com o chão, o peso do corpo sobre a superfície do solo e sobre os pés, as pernas, os quadris, a temperatura do chão e qualquer outra sensação de conforto ou desconforto nos pés e em todo o corpo nesse momento, não se esquecendo de prestar atenção na respiração.

Terceiro passo. A partir deste momento, pode-se iniciar a prática em si, começando pelo movimento de andar habitual, porém realizado de forma muito lenta e consciente de cada movimento dos pés e das pernas e/ou das sensações nos pés ao caminhar, movimento a movimento. Nota-se a textura do solo, a sensação de contato do corpo com o ar ao deslocar-se, o balanço dos braços ao andar etc.

> **Quarto passo.** Quando surge alguma distração, pensamento ou sentimento, simplesmente deve-se tomar consciência, de modo gentil, de que a mente está divagando e, suavemente, deixar que as distrações passem, sem se irritar e sem julgá-las. Em seguida, lentamente, volta-se a atenção para a observação dos movimentos e sensações do corpo ao andar.
>
> **Quinto passo.** Antes de concluir a sessão, deve-se levar uma vez mais a atenção às sensações do corpo como um todo e, aos poucos, finalize a prática.
>
> * * *

EXERCÍCIOS CORPORAIS COM ATENÇÃO PLENA

A prática de exercícios corporais com atenção plena (*mindful movements*) utiliza os movimentos do corpo e algumas posturas mais simples de hatha yoga como âncora para uma observação consciente do momento presente. Os movimentos e as posturas são realizados de forma lenta e com atenção plena em cada um. O ideal para esta técnica é harmonizar cada movimento ou postura com o ritmo normal da respiração, tratando de integrar as duas ações com uma atitude natural e consciente, explorando cada sensação nova que se apresenta. Depois da prática, pode-se relaxar por uns minutos na posição deitada e/ou realizar um breve escaneamento do corpo (um breve *body scan*). Pessoas com alguma dificuldade para movimentar-se ou com algum tipo de dor crônica devem fazê-lo dentro de seus limites de comodidade ou simplesmente imaginar-se fazendo a prática. No quadro "Exercícios", mais adiante neste mesmo capítulo, encontram-se alguns exemplos de sequências de movimentos e posturas (com ilustrações) que podem ser realizadas em posição deitada. Podem ser feitas, de preferência, na sequência apresentada.

PRÁTICA DOS TRÊS MINUTOS OU DOS TRÊS PASSOS

É considerada a prática formal mais curta e simples e, portanto, a mais adequada para ser a base de nossa prática regular rotineira. Também pode ser chamada de prática da "ampulheta", pois começa de forma mais abrangente (com foco mais aberto e amplo da atenção), concentra-se em seguida em uma âncora específica (a respiração) e, depois, expande-se novamente o foco da atenção.

PRÁTICA: OS TRÊS MINUTOS

- **Primeiro passo ou primeiro minuto: conscientize-se do ambiente ao redor, do seu corpo e da experiência interna.**

Adote uma postura ereta e digna (deitada ou sentada) e feche os olhos. Devagar, comece a tomar consciência primeiro do ambiente/lugar onde você está (sons, temperatura etc.) e em seguida de seu corpo neste momento. Note as sensações dele como um todo, o contato das pernas com a esteira ou com o chão, o contato de sua pele com o ambiente, ou alguma sensação agradável ou desagradável que sentir em seu corpo neste momento. Observe apenas se estão presentes e se mudam com o tempo.

Agora, expanda sua consciência para toda a experiência interna. Por alguns instantes, pergunte-se: "Qual é minha experiência agora? Que pensamentos passam por minha cabeça neste momento? Que sentimentos ou emoções estão sendo produzidos?"

Esteja consciente de sua experiência de forma global neste momento, observe todas as sensações e emoções que aparecem, sejam agradáveis ou desagradáveis, mas sem envolver-se com elas. Apenas note se estão presentes e se mudam com o tempo.

- **Segundo passo ou segundo minuto: respiração**
Agora, volte a dirigir a atenção para suas sensações físicas e, aos poucos, traga-a para a sua respiração. Observe de perto a sensação ao respirar, na região de seu abdômen, em seu tórax. Tome consciência de todas as sensações da respiração nesse momento. Por alguns instantes, siga a sua respiração, a cada inalação e exalação. Não tente modificá-la, apenas observe-a nesse momento presente. Se aparece algum pensamento ou emoção, deixe-o passar e volte à respiração. Continue praticando assim.

- **Terceiro passo ou terceiro minuto: expansão da consciência**
Sinta sua consciência como uma esfera transparente no interior de seu corpo. Fique assim por alguns segundos. Sinta que essa esfera (sua consciência) vai-se expandindo progressivamente, incluindo todo o corpo e, posteriormente, o ambiente em que você está. Pode-se incluir também todas as pessoas que se encontram nesta cidade. Sinta-se unido e identificado com elas. Permaneça com essa sensação por alguns segundos. Pouco a pouco, expanda a consciência até incluir seu país e, gradativamente, todo o planeta. Sinta-se unido a todas as pessoas que vivem em nosso planeta e em todo o cosmos. Permaneça nessa sensação por alguns segundos. Agora, progressivamente, direcione seu campo de consciência para o corpo como um todo, incluindo a sua postura e a sua expressão facial e, bem devagar, quando quiser, volte a abrir os olhos.

PONTOS-CHAVE

→ Mindfulness estrutura-se com base em uma série de práticas formais nucleares que compõem sua essência. As principais práticas são as seguintes:
1. A uva-passa, 2. Mindfulness na respiração, 3. *Body scan*, 4. Mindfulness caminhando, 5. Mindfulness nos movimentos corporais, e 6. Prática dos três minutos.

→ A prática da uva-passa é considerada a prática inicial de mindfulness. Explica, por meio da experiência, o que é mindfulness a pessoas com pouco conhecimento desta disciplina.

→ A prática de mindfulness na respiração é, entre as técnicas de mindfulness, uma das mais conhecidas e praticadas.

→ Na prática do "escaneamento corporal" (*body scan*), a âncora para manter a atenção no momento presente são as sensações de cada parte de nosso corpo, que são analisadas em detalhe e progressivamente durante a técnica, mantendo uma atitude de abertura e aceitação frente ao que surge.

→ Uma forma simples de praticar mindfulness em nosso dia a dia é caminhar com atenção plena, ou meditar andando (*walking meditation*).

→ A prática de exercícios corporais com atenção plena (*mindful movements,*) utiliza os movimentos do corpo e algumas posturas de hatha yoga como âncora para uma observação consciente do momento presente.

→ A prática dos três minutos é considerada a mais curta e simples das técnicas formais e, portanto, a mais adequada para se adotar como prática regular em nossa vida diária.

EXERCÍCIOS*

I. A PRÁTICA DE MINDFULNESS EM MOVIMENTO

Esta prática utiliza movimentos corporais e alguns exercícios de hatha yoga como âncora para uma observação consciente do momento presente. Os movimentos e as posturas são realizados lentamente e com atenção plena em cada movimento. O ideal nesta prática é harmonizar o movimento e as posturas com o ritmo normal da respiração, tratando de integrar as duas ações de uma forma natural e consciente, explorando cada nova sensação que se apresenta. Após a prática, podemos relaxar por alguns segundos na posição deitada e realizar um breve escaneamento do corpo (um breve *body scan*). Pessoas com alguma dificuldade para movimentar-se ou com algum tipo de dor crônica devem realizar a prática dentro de seus limites de comodidade ou simplesmente imaginar-se fazendo-a. Em seguida, veremos os movimentos que compõem essa prática, que pode ser realizada tanto na posição deitada como sentada.

* As posturas dos exercícios apresentados a partir desta página até a página 106 constam no livro de Vidyamala Burch intitulado Viva bem com a dor e a doença, publicado no Brasil pela Summus Editorial em 2011. As posturas das páginas 107 e 108 constam no livro *Mindful Movement*, publicado pela BreathWorks em 2010, na Inglaterra.

1. Abrindo e fechando as mãos

Leve a atenção à sua mão direita e coloque a mão esquerda sobre o peito. Acompanhando o ritmo natural de sua respiração, comece a abrir e fechar lentamente a mão direita, sentindo o movimento dos músculos, ossos e articulações a cada momento. Abra e feche a mão, de forma lenta três vezes. Em seguida, alterne a mão, colocando a direita sobre o peito e abrindo e fechando a mão esquerda três vezes, sempre bem lentamente e consciente de todos os movimentos corporais, inclusive da respiração. Se algum pensamento ou emoção o distrair, apenas tome consciência disso e volte a atenção ao movimento da mão. Quando terminar o exercício, descanse deitado no chão e mantenha ambas as mãos sobre o peito, respirando várias vezes, de modo consciente. Por último, faça o mesmo movimento com ambas as mãos ao mesmo tempo, de forma coordenada com a sua respiração.

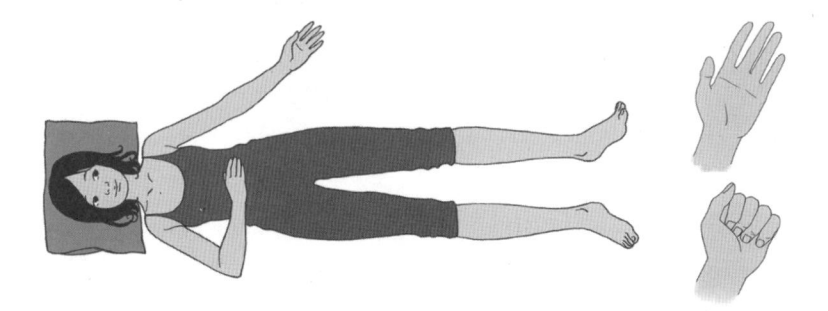

2. Flexão e extensão das pernas

Deite-se no chão, de barriga para cima. Aos poucos, dobre os joelhos e apoie as plantas dos pés no chão. Leve a perna direita em direção ao peito, abraçando-a com ambas as mãos sobre o joelho e com suavidade vá aproximando e afastando o joelho do peito. Sinta esse movimento suave, delicado e consciente.

Repita-o três vezes. Pessoas que não puderem realizar o exercício fisicamente poderão imaginá-lo e trabalhar no plano mental. Alterne a perna e faça o mesmo exercício, aproximando e afastando o joelho do peito de modo sincronizado com a respiração. Ao terminar, mantenha-se na postura de relaxamento, prestando atenção nas sensações corporais produzidas pelo exercício.

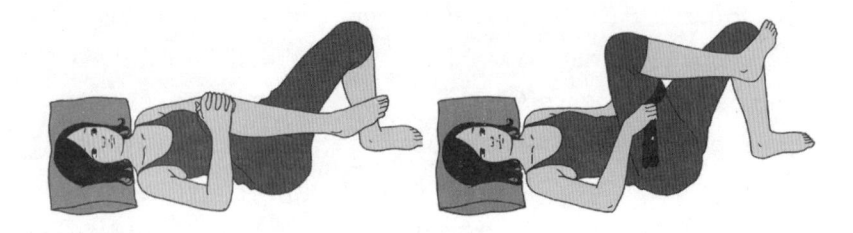

A segunda parte deste exercício consiste em segurar a perna direita com as mãos por trás da coxa, na região próxima ao joelho, enquanto a perna faz um movimento de extensão e flexão três vezes, de maneira lenta, em sincronia com a respiração. Faça o mesmo exercício mais três vezes, desta vez com a perna esquerda, tornando-se consciente do movimento. Novamente, se algum pensamento ou emoção o distrair, apenas tome consciência dele e volte a atenção ao movimento da perna. Ao final da prática, permaneça na postura de relaxamento e acolha as sensações corporais produzidas pelo exercício.

3. Deslizamento das mãos

Deitado no chão, de barriga para cima, leve o braço direito estendido para a direita e vire-se para o mesmo lado, com os joelhos flexionados, em uma posição semifetal. O braço e a mão esquerda devem ficar posicionados sobre o braço e a mão direita, palma sobre palma. Certifique-se que essa postura esteja confortável e, se não está, pode ser utilizada uma almofada na região da cabeça ou do pescoço. Deslize suave e lentamente a mão esquerda sobre a mão direita quatro ou cinco vezes. Sinta todas as sensações desse suave deslizar palma sobre palma. Faça o mesmo exercício agora com o outro lado, e deslize palma sobre palma também por quatro ou cinco vezes. Deite-se de costas e descanse por alguns segundos.

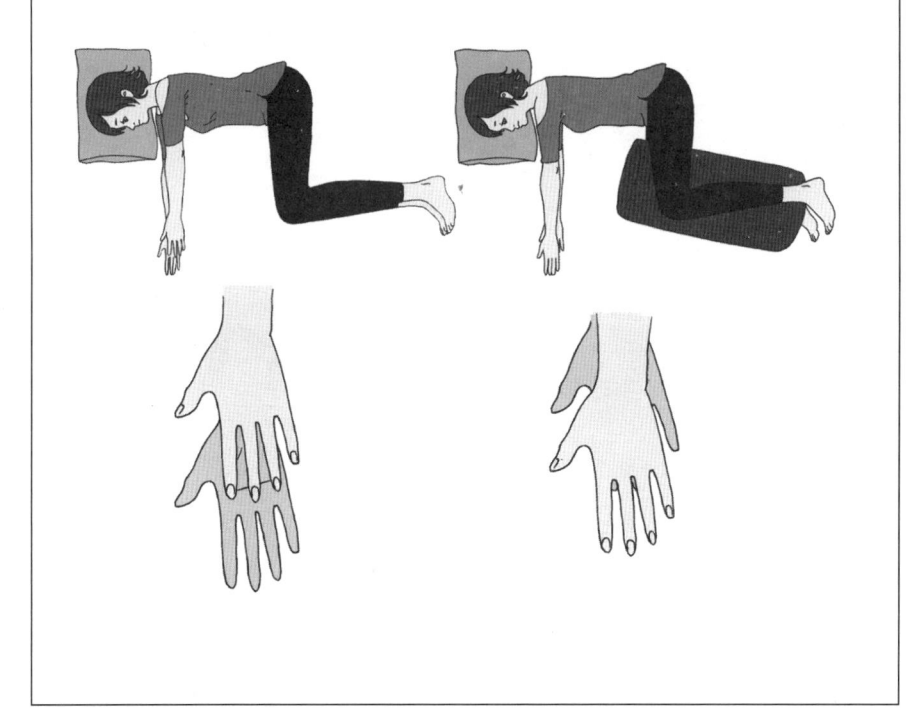

4. Movimento circular dos ombros

Mantendo-se na postura inicial do exercício anterior (posição semifetal), apoie a mão direita sobre o ombro direito. Faça rotações do ombro, em círculos, de forma lenta, combinando o movimento com a respiração. Inicialmente, gire o ombro no sentido horário. Faça uns três círculos. Quando terminar, mude o sentido movendo o ombro na direção contrária e faça outros três círculos. Coloque ambas as mãos sobre o peito e descanse alguns segundos. Em seguida, vire-se para o outro lado e faça o mesmo movimento com a mão esquerda apoiada no respectivo ombro. Faça três círculos, primeiro no sentido horário e, depois, mais três círculos na direção contrária. Ao terminar, descanse alguns segundos com ambas as mãos apoiadas no peito. Os exercícios 3 e 4 podem ser combinados e feitos na sequência com cada mão, isto é, os dois exercícios primeiro com um braço, e depois com o outro.

5. Postura do gato

Partindo da posição deitada, sente-se devagar e adote a postura do gato, apoiado sobre os joelhos e as mãos. A distância entre os joelhos, e entre as mãos, deve ser aproximadamente a mesma distância entre os ombros. Os braços e as coxas devem estar perpendiculares ao chão, enquanto a cabeça está alinhada ao eixo vertebral. Sinta a respiração, abaixe a cabeça como se fosse olhar para o umbigo, arqueando totalmente as costas, enquanto expira. Em seguida, levante a cabeça como se fosse olhar para o céu ao mesmo tempo em que vai voltando as costas à posição horizontal até acentuar ligeiramente a curvatura da região lombar enquanto inspira.

Contraia e alongue três vezes e, ao terminar, descanse a cabeça no chão enquanto os glúteos se apoiam nos calcanhares. Permaneça nessa postura de relaxamento por alguns segundos.

6. Movimento do "8"

O movimento a seguir parte da mesma posição "de quatro", ou seja, com os joelhos e as mãos separados na mesma distância dos ombros, e com as coxas e braços perpendiculares ao chão.

Nessa posição, tente desenhar o número "8" ou a letra " S" com o corpo, repetindo várias vezes durante alguns segundos. O exercício deve ser feito bem devagar, sincronizando os movimentos com a respiração e tomando consciência deles. Ao terminar, fique na postura de descanso, apoiando a cabeça no chão e os glúteos nos calcanhares. Permaneça nessa postura de relaxamento por alguns segundos.

Para finalizar a prática, sente-se na postura de meditação, com os olhos fechados, percebendo todas as mudanças e sensações corporais experimentadas durante a prática.

* * *

II. PRÁTICA:
DIÁRIO DE MINDFULNESS

Uma parte importante da experiência de praticar mindfulness consiste em manter um diário das práticas realizadas. Escrever no diário pode ser uma maneira de "objetivar" aquilo que é essencialmente uma experiência subjetiva e isso pode ajudar a observar melhor a evolução das práticas e dos hábitos mentais ao longo do tempo. Se puder, faça um diário quantitativo (veja o exemplo na tabela a seguir), anotando os tipos de práticas realizadas ao longo de uma semana, por exemplo, bem como os tempos dedicados a cada técnica. Alguns aplicativos de celular também oferecem essa funcionalidade e podem ser utilizados.

O uso de diários qualitativos também é recomendado. São mais ricos do ponto de vista da experiência vivida. O que se pode escrever? Trata-se apenas de descrever as experiências durante as práticas de mindfulness. Por exemplo, as sensações físicas que podemos vivenciar (sensações de calor, frio, contato com a cadeira ou esteira, ou com o chão sob os pés ou as pernas); também as sensações agradáveis e desagradáveis que se experimenta e suas reações a elas; descreva o estado emocional do dia e como sua prática influenciou ou não nesse estado. Outra possibilidade é descrever pensamentos ou preocupações que surgiram durante as práticas e como se lidou com eles. Em alguns casos, escreva sobre o conteúdo desses pensamentos. Em essência, seja natural e honesto consigo mesmo ao relatar o que realmente acontece. Os textos não precisam ser longos, sendo recomendável, por exemplo, escrever meia página por dia.

Exemplo de um diário de práticas quantitativo para o registro de um mês.

			Registro da semana				
			Semana:				
			Nome:				
Dia	Segunda	Terça	Quarta	Quinta	Sexta	Sábado	Domingo
Frequência							
Total de minutos							
M,T,N							
Observações							
Dia	Segunda	Terça	Quarta	Quinta	Sexta	Sábado	Domingo
Frequência							
Total de minutos							
M,T,N							
Observações							
Dia	Segunda	Terça	Quarta	Quinta	Sexta	Sábado	Domingo
Frequência							
Total de minutos							
M,T,N							
Observações							
Dia	Segunda	Terça	Quarta	Quinta	Sexta	Sábado	Domingo
Frequência							
Total de minutos							
M,T,N							
Observações							

O diário semanal inclui, em cada dia da semana, o número de vezes que se meditou nesse dia, em que momento do dia (manhã, tarde e noite), bem como o número total de minutos que se meditou. Há também uma linha para observações, caso queira descrever alguma experiência relevante que tenha acontecido.

8
Práticas informais: como incluir mindfulness na vida diária?

> *Meditamos para não meditar.*
> Vicente Simón

A PRÁTICA INFORMAL

O objetivo de mindfulness não é meditar sentado, mas sim levar o estado mental da atenção plena para a vida diária, de forma contínua. É este processo que realmente gera mudanças no meditante, tanto psicológicas como físicas. Entretanto, é muito difícil praticar mindfulness na vida diária se o praticante não "treina" a meditação formal na postura sentada (práticas formais). Não se pode dar um concerto de piano sem que se tenha praticado escalas e acordes por muitos anos; do mesmo modo, o laboratório onde o praticante treina para conseguir manter a atenção plena no dia a dia é a meditação formal na postura sentada.

Não é simples aplicar atenção plena à vida diária. Talvez você já tentou dezenas de vezes, usando apenas a força de vontade. Com sorte, esse método pode tê-lo ajudado a manter a atenção durante um ou vários minutos, mas logo em seguida você provavelmente foi absorvido pelo redemoinho do mundo e, somente várias horas depois, lembrou-se da intenção de permanecer atento. E isso aconteceu dia após dia.

Para navegar pelo mar da vida diária com o barco da atenção plena, é preciso adotar uma série de estratégias para não naufragar no primeiro dia. Podemos agrupá-las nos seguintes itens, resumidos na Tabela 1:

Tabela 1. Principais aspectos da prática informal

- Desafio geral do dia: dividi-lo e especificar a intenção
- Práticas formais para a vida diária
- Práticas informais específicas para a vida diária
- Pontos de ancoragem
- Lembretes (reminders)
- Identificação e uso do tempo ocioso
- Diários de prática informal
- O período de sono

Desafio geral do dia

Um dia inteiro, descontando-se as horas de sono, possui pelo menos 14 horas. Ninguém tentaria fazer uma meditação formal com essa duração. Entretanto, quando consideramos fazer uma prática informal de mindfulness, costumamos nos desafiar com períodos de duração semelhante e isso é um convite ao fracasso. A mente se cansa e requer períodos de tempo mais curtos e objetivos concretos (e que possam ser variados, de modo a aumentar o interesse).

Dividir o dia em partes

Dividir o dia em 4 ou 5 períodos é razoável. A tradição zen-budista costuma usar as refeições como ponto de referência, em parte porque é o momento em que a comunidade se reúne e, portanto, é o melhor momento para informar horários e tarefas. Seguindo esse esquema tão sensato, podemos dividir o dia nos seguintes períodos:

1) Do despertar ao café da manhã
2) Do café da manhã ao almoço
3) Do almoço ao jantar. Esse período acaba sendo mais longo em alguns países, portanto pode ser subdividido em dois, tomando-se como referência o lanche da tarde (ou alguma fruta ou refeição leve para representar a separação conceitual).
4) Do jantar até a hora de dormir. Tradicionalmente, o período de sono é considerado muito importante em todas as tradições e dedicaremos um comentário específico sobre como lidar com ele.

Especificar a intenção
De manhã, ao nos levantarmos, é muito útil especificar qual será nosso objetivo no campo da atenção. Por exemplo: realizar 3 práticas de três minutos ou colocar um alarme para soar a cada duas horas. O ideal é conseguir estabelecer um objetivo específico em cada um dos períodos com os quais dividimos o dia.

Práticas formais para a vida diária
Existem algumas práticas formais que, como tais ou levemente adaptadas, são especialmente úteis na vida diária. São as seguintes:

A prática dos três minutos
Já foi explicada ao falarmos das práticas formais. A duração pode ser reduzida a menos de um minuto ou estender-se até cinco minutos, mas é recomendado manter a estrutura dos três passos. É um meio eficaz de "reiniciar" nossa mente periodicamente, fazendo com que o observador apareça e deixemos de nos identificar com os acontecimentos diários. Recomenda-se realizar essa prática ao menos uma vez por dia, porém pode ser realizada uma ou duas vezes em cada um dos três ou quatro períodos propostos para dividir o dia. Quando vivenciamos emoções adversas (como tristeza ou raiva), essa prática também nos permite lidar melhor com elas.

Mindfulness em movimento

A condição ideal para a prática de meditação é na postura sentada em um ambiente silencioso. Nosso dia a dia é totalmente o oposto: estamos em constante movimento, em um ambiente barulhento e cheio de pressões. Precisamos de práticas intermediárias, que nos permitam fazer essa transição. Podemos transformar alguns de nossos deslocamentos diários obrigatórios – quando normalmente estamos distraídos ou preocupados – em períodos de meditação. O único requisito é que o lugar por onde nos deslocamos seja seguro, sem risco de atropelamento ou queda. Podemos realizar os movimentos próprios do andar de forma mais lenta (porém não tão lento a ponto de chamar a atenção de outras pessoas), com total atenção às mudanças do tônus muscular, o contato com o solo, as roupas, ou inclusive o vento e a respiração.

Mindfulness na respiração

Esta é a rainha das práticas meditativas formais. Na tradição budista, o praticante é convidado a sentir a respiração, que deve fluir de forma natural. O que poderia ser perfeitamente possível na tranquila rotina da clausura monástica se torna mais difícil para o padrão ocidental. Porém é possível ter a respiração como âncora de forma ocasional ao longo do dia. No primeiro nível de atenção está a atividade que estamos realizando (por exemplo, falar com alguém, escutar uma conferência ou escrever um relatório) e, em um segundo nível de atenção, se encontra a respiração. O objetivo é realizar a prática principal de modo adequado e consciente, usando a respiração como ponto de ancoragem para não perder-se no segundo nível de atenção.

Práticas específicas para a vida diária

Avaliação da postura

Postura, respiração e fenômenos mentais (pensamentos e emoções) estão fortemente relacionados. Segundo a tradição budista, há quatro posturas básicas que podemos adotar: sentada, em pé, andando ou deitada. Independente da postura escolhida, se praticarmos corretamente, de maneira pausada e consciente, monitorando as tensões musculares e sentindo todo o corpo, teremos um bom ponto de ancoragem para a atenção.

Práticas de desidentificação

Nosso maior problema para estabilizar nossa atenção é a contínua absorção nas atividades do dia a dia. Uma boa prática para compensar essa atração exercida pelas atividades sobre nós, é treinar em situações especialmente agradáveis ou atrativas, para não ficar preso ou tomado por elas. Um exemplo são os eventos esportivos de nosso time preferido ou um certo filme. O objetivo seria poder contemplar o espetáculo (pode-se estabelecer como meta um tempo de 5 a 10 minutos, no máximo) com total desidentificação, como se desconhecêssemos totalmente os times que estão jogando ou não tivéssemos interesse algum no filme. Se conseguirmos nos distanciar, ainda que por alguns minutos, das situações que de modo habitual nos capturam, será mais fácil mantermos a equanimidade em situações habituais da vida.

Desacelerar

Uma das consequências mais evidentes da prática de mindfulness é a desaceleração da atividade mental e física. Isso ocorre, em parte, porque as ações são realizadas de forma mais lenta e, em parte, porque a percepção do tempo (que é subjetiva) também se lentifica quando há menos objetos no contínuo mental. Ao longo do dia, recomenda-se selecionar alguma atividade que realizamos de modo automático (por exemplo, vestir-se, alimentar-se ou tomar banho) e fazê-la em câmera lenta, percebendo todas as sensações musculares e do ambiente. Desta forma, a atividade mais rotineira, quando iluminada pela atenção plena, converte-se em uma experiência fascinante.

Pontos de ancoragem

Da mesma forma que estabelecemos pontos de ancoragem na meditação formal para voltarmos quando a mente se perde, precisamos fazer o mesmo em nossa vida diária, já que esta, em sua totalidade, pode ser considerada como prática informal. Na meditação formal, os pontos de ancoragem habituais são a respiração e o corpo, pois sempre estão conosco. Além disso, as sensações corporais nos trazem de volta, *necessariamente,* ao presente. Na vida diária, devemos sempre ter estes dois pontos como nossa referência. Em especial, quando experimentamos emoções adversas, é recomendável ancorar-se na respiração ou analisar como essas emoções manifestam-se no corpo, já que isto faz com que percam a força.

Lembretes (reminders)

São lembretes que fazemos a nós mesmos de forma aleatória ou programada de que devemos permanecer atentos, indicando o ponto de ancoragem que vamos utilizar. Podem ser usados de diversas formas e nos ajudam a praticar de forma mais cuidadosa. São muito úteis para não esquecermos que estamos realizando nossa prática.

Para facilitar a orientação no tempo-espaço e a lembrança do objetivo

Uma boa forma de desidentificar-se e de recordar o objetivo da atenção plena é parar de vez em quando na vida diária, lembrar a si mesmo a data e hora em que está, e o objetivo a que se propôs para essa parte do dia. Exemplo: 20 de fevereiro de 2015; são 10 horas; meu objetivo para esta manhã é desacelerar três ações.

Temporizadores

As novas tecnologias podem ser úteis para nos tirar do estado habitual de absorção pelo mundo e uma forma simples é programar alarmes em diferentes horas do dia. Podemos escolher o som de nossa preferência, porém os sons tradicionais tendem a ser os mais eficazes (sinos tibetanos, gongos japoneses, ou similares). Uma frequência razoável de programação do alarme pode ser a cada hora durante o período do dia em que não estivermos dormindo (por exemplo, das 7 horas da manhã às 11 horas da noite). Nos feriados podemos inclusive aumentar a frequência para cada meia hora, sempre dependendo do que faremos e dos compromissos familiares e sociais.

Estímulos específicos

Podemos usar como lembretes de atenção alguns eventos frequentes em nossa vida e que aconteçam de maneira irregular. Quando o estímulo aparece, paramos um momento e analisamos o conteúdo mental (pensamentos e emoções), respiramos três vezes e nos propomos a manter a atenção pelo resto do dia. Alguns exemplos desses estímulos são ligações telefônicas (desde que não sejam constantes), um semáforo vermelho ou uma pessoa com chapéu, ou o que quisermos. Podemos escolher os estímulos de manhã e trocá-los a cada dia ou semana para que a mente não se canse.

Lembretes atípicos

É um costume popular usar como lembretes algumas condutas pouco frequentes, como usar um anel ou relógio onde não é habitual ou, como exemplo típico da tradição budista, levar uma pequena pedra no bolso para lembrarmos de nossa intenção de manter a atenção durante o dia. Essas recordações devem variar periodicamente (a cada poucos dias) pois, caso contrário, o indivíduo se acostumará e o objetivo não será cumprido.

> **Tabela 2.** Exemplos de atividades de rotina e tempo ocioso em um dia normal
>
> - **Cuidado e asseio:** escovar os dentes, tomar banho, atender às necessidades fisiológicas, lavar as mãos, barbear-se, pentear-se, cortar o cabelo.
>
> - **Alimentação:** comprar alimentos, prepará-los, cozinhar, comer, lavar a louça.
>
> - **Cuidados com a roupa** (lavar, passar, costurar) **e com a casa** (limpar, fazer a cama, executar consertos, cuidar do jardim ou das plantas).
>
> - **Locomoção:** andar, dirigir, pegar o trem/ônibus/metrô, subir escadas, pegar o elevador.
>
> - **Tempo ocioso, que nos obriga a esperar:** trânsito, consulta com profissionais (exemplos: médico e advogado), fila em serviços públicos ou supermercados, recepção de hotel, semáforo vermelho.

Durante as tarefas diárias, em vez de pensarmos no que fizemos ontem ou no que faremos amanhã, ou em objetivos que queremos atingir mas que sabemos serem impossíveis, ou em vez de fazermos tudo com toda pressa para terminar, podemos realizar uma prática de meditação ativa. Podemos nos tornar conscientes de nossa respiração e de nossos movimentos corporais, descobrindo a magia que há neles e percebendo como cada segundo, ainda que estejamos fazendo o mesmo, é diferente. Desta forma, passaremos a desfrutar de atividades que sempre nos pareceram extremamente monótonas e pouco criativas.

Em momentos ociosos, em vez de escutar o *iPod* ou ficar desesperado ou irritado com o mundo, pode-se realizar a prática dos três minutos ou qualquer uma das práticas informais descritas neste capítulo, convertendo tais períodos em uma fonte infinita de tempo para a meditação informal.

Diários de prática informal

Falamos dos diários de prática, que registram basicamente atividades formais. Entretanto, devido à importância da prática informal para a produção de mudanças em nós, recomenda-se que seja também registrada.

O problema é que esses diários, devido à natureza informal da atividade, tendem a ser muito variados. Aconselha-se registrar o tipo de atividade, o número de vezes que foi realizada e os horários aproximados. Todos os dias deveriam ser semelhantes ao Gráfico 1, apresentado a seguir. Esses registros nos permitirão perceber quantas vezes realizamos essas atividades potencialmente benéficas e o tempo que dedicamos a elas. Os registros da prática informal nos ajudarão a permanecer no presente e a tomar consciência de nossas mudanças na rotina diária.

Gráfico 1. Modelo de diário de práticas informais

SEGUNDA-FEIRA, 3 DE MARÇO		
ATIVIDADE	NÚMERO DE VEZES	HORÁRIO
Prática dos três minutos	3	8, 14 e 19h
Desaceleração	2	12 e 17h
Aproveitamento do tempo ocioso (consulta médica, fila no supermercado)	2	16 e 20h

Semanalmente, recomenda-se fazer um resumo qualitativo (meia página é suficiente) para analisar se estamos dividindo o dia em períodos, se o uso de lembretes está sendo útil, quais são as práticas que mais utilizamos e quais outras poderíamos empregar e, sobretudo, como se distribuem ao longo do dia.

A recomendação é fazer várias "tomadas de consciência" ao longo do dia e distribuí-las de forma homogênea ao longo do tempo. O habitual é fazermos a meditação informal de manhã, enquanto ainda estamos sob o efeito da intenção que desenvolvemos ao nos levantar, já que vai desaparecendo à medida que o tempo passa.

Mindfulness durante as refeições

O período das refeições é chave para praticar mindfulness, pois é uma atividade realizada várias vezes ao dia, por um tempo prolongado. De fato, nas tradições religiosas é costume alimentar-se em silêncio, às vezes ouvindo textos sagrados, e sempre ingerindo alimentos simples, com atenção total ao processo de comer.

Para muitas pessoas esta prática é difícil, pois nós, ocidentais, não estamos acostumados a fazer as refeições sozinhos e em silêncio: geralmente conversamos o tempo todo com familiares ou amigos. Se estivermos sozinhos, ligamos a televisão ou o rádio, ou lemos algo, mas nunca estamos de maneira exclusiva centrados no processo de alimentação, pois nos parece monótono. Em geral, fazer as refeições em mindfulness é uma prática muito útil, principalmente no caso de doenças relacionadas à alimentação, como a obesidade, ou transtornos de conduta alimentar, como a bulimia. Existem questionários psicológicos para avaliar a prática de mindfulness durante as refeições e livros dedicados especialmente a esse tema (47).

Como gerenciar a prática informal de mindfulness de forma global: o uso de novas tecnologias (*apps*)

Uma forma simples e globalizada de gerenciar a prática informal pode ser usando novas tecnologias – de modo concreto, um aplicativo para celular. No mundo todo, cada vez mais pessoas estão utilizando dispositivos móveis em sua vida cotidiana, já que são considerados uma tecnologia não invasiva. Sua aplicação é muito ampla na área da saúde, e inclui desde aplicativos que permitem medir variáveis fisiológicas (frequência cardíaca ou tensão) e enviá-las a um centro médico, até aplicativos que nos ajudam a controlar a ansiedade, a depressão e o estresse. Já existem fortes evidências na literatura que comprovam a eficácia desses aplicativos como ferramenta complementar em muitas psicoterapias. Quanto ao seu emprego no âmbito de mindfulness, é amplo o número deles atualmente disponíveis para os dois principais sistemas operacionais (Android e iOS) que podem ser encontrados ao se fazer uma busca da palavra "mindfulness". Entretanto, um estudo detalhado (44) demonstrou que menos de 10% desses aplicativos está destinado realmente ao apoio na prática de mindfulness e não foram desenvolvidos com a colaboração de equipes médicas ou de profissionais de saúde, e quando utilizam testes ou questionários, estes não se encontram validados. Outro problema também identificado é que atualmente a oferta de aplicativos disponíveis em espanhol e em português é pequena, o que limita muito a utilização em países de línguas hispânica e portuguesa.

Nosso grupo de trabalho em mindfulness desenvolveu um aplicativo que tenta suprir essa lacuna: produzido pela Asociación Instituto Aragonés de Investigación y Promoción de la Salud (AIAIPS), é denominado "Mindfulness" e se encontra atualmente disponível na plataforma Google Play. A busca pode ser feita por "aiaips" (busca rápida) ou por seu nome "Mindfulness".

O aplicativo (inicialmente desenvolvido para o sistema operacional Android e em *castellano*) foi planejado para diferentes perfis: tanto para pessoas que estão dando seus primeiros passos na prática de mindfulness como para meditadores experientes. Permite seguir sessões dirigidas ou realizar práticas não guiadas. Como recursos, oferece desde temporizadores para medir a duração da prática, passando por textos explicativos, vídeos, frases lembretes e alarmes, ou um diário pessoal para descrever suas sensações e observações. O aplicativo utiliza o teste MAAS e mostra dados estatísticos relacionados ao desenvolvimento da prática e a evolução do nível de mindfulness em nosso dia a dia.

Mindfulness no período de sono

Em todas as tradições meditativas, o período de sono não é um tempo ocioso. Fazer uma pequena prática como a dos três minutos antes de dormir permite preparar a mente para esse período. Com frequência recomenda-se adotar posturas específicas, que facilitem o sono mais consciente, como a "postura do leão", tradicional no budismo. Consiste em deitar-se de lado, com as pernas dobradas na altura dos joelhos, e com o braço do lado sobre o qual se está deitado com a palma sob a maçã do rosto. Existem descrições extremamente detalhadas sobre o yoga dos sonhos na tradição tibetana e nas tradições xamânicas mesoamericanas.

Um efeito frequente da meditação a médio prazo, descrito em todas as tradições, é o surgimento de sonhos "lúcidos", estados oníricos nos quais o indivíduo está consciente de que está sonhando. Alguns estudos científicos confirmam que o aumento da consciência corporal poderia estar associado ao surgimento desses sonhos. Os sonhos lúcidos são uma experiência fascinante, que costumam estimular o indivíduo a continuar a prática meditativa. As tradições recomendam usar os sonhos lúcidos, quando aparecem, para aumentar a desidentificação com o mundo ao redor, desenvolvendo habilidades como a de fazer com que objetos do sonho apareçam ou desapareçam, voar ou viajar, para fomentar a ideia de que o mundo vigílico é também da natureza dos sonhos. Estudos científicos têm sido desenvolvidos nos últimos anos para analisar a utilidade desses sonhos lúcidos como método terapêutico e preventivo na psicologia.

Prática: diário de práticas informais

O desenvolvimento de um diário de prática informal seguindo o modelo que comentamos pode ser bem útil. Em meia página podemos resumir nossas principais atividades informais. Inicialmente, podemos fazê-lo diariamente (para sustentar a rotina) mas, após 2 ou 3 meses, será suficiente uma vez por semana de modo aleatório, para comprovar como estamos incorporando a prática informal em nosso dia a dia. A seguir, incluímos como modelo o diário de prática informal de um profissional de meia-idade do sexo masculino.

Este diário servirá para ter mais consciência das práticas que passamos a introduzir em nossas vidas.

MODELO DE DIÁRIO INFORMAL

(Dia 2 de fevereiro de 2015)

Ao me levantar pela manhã, dividi o dia em 4 períodos:

- ANTES DO CAFÉ DA MANHÃ
- CAFÉ DA MANHÃ – ALMOÇO
- ALMOÇO – JANTAR
- APÓS O JANTAR

→ **ANTES DO CAFÉ DA MANHÃ**

- **Objetivo**

Estar consciente de minhas emoções e do estresse durante o período desde que meus filhos se levantam até o momento em que os levo ao colégio. Não uso *reminders*. Não faço práticas informais. Âncora: postura e respiração.

- **Resultados**

Consegui não me irritar e diminuir o estresse devido à pressa.

→ **CAFÉ DA MANHÃ – ALMOÇO**

- **Objetivo**

Não me deixar enredar pelo trabalho. Programo *reminders* para cada hora. Planejo duas práticas de três minutos (às 11 e às 13 horas). Prestar atenção especial aos tempos ociosos (ir ao banheiro).

- **Resultados**

Pude me reconectar comigo mesmo, usando as práticas de três minutos, nas duas vezes em que fui ao banheiro.

→ **ALMOÇO – JANTAR**

- **Objetivo**

Desacelerar o ritmo na parte do dia dedicada à família e ser mais consciente. Planejo uma prática de três minutos no meio da tarde. Pretendo que o lanche com as crianças seja *mindful*. Programo *reminders* para cada 2 horas. Atenção especial a períodos ociosos, como ao dirigir no caminho do trabalho para casa.

- Resultados

Fiquei consciente da pressa crônica. Desfrutei da prática de três minutos. Não consegui fazer o lanche em mindfulness, foi difícil para mim.

→ APÓS O JANTAR

- Objetivo

Desfrutar esse período com minha esposa, sem fazer nada relacionado ao trabalho, dedicando-me somente à família. Não planejo práticas de três minutos nem *reminders*.

- Resultados

Consegui falar e pensar apenas sobre temas familiares. Fui dormir mais relaxado.

* * *

Outra possibilidade para levarmos a ideia de mindfulness ao nosso dia a dia é anotar, de maneira consciente, a qualidade de nossas atividades rotineiras.

A seguir, na Tabela 3, daremos um exemplo de como registrar e avaliar nosso dia a dia:

Tabela 3. Exemplo de folha de anotação da qualidade das atividades realizadas em 1 dia

Nome: _____ Dia: ____/____/_____

Horário	Atividade	Tempo	Bem-estar (0-5)	Tensão (0-5)	Sensação Predominante
9h	Levar filho ao colégio	40 min	4	4	neutra
12h	Almoçar	45 min	5	0	bem-estar
15h	Escrever texto	1h 30 min	2	5	tensão
17h	Dirigir para casa	1h 30 min	1	5	tensão
19h	Meditar	30 min	5	0	bem-estar

Agora propomos que você preencha sua própria folha de anotação diária, durante pelo menos dois ou três dias, conforme o modelo a seguir:

Horário	Atividade	Tempo	Bem-estar (0-5)	Tensão (0-5)	Sensação Predominante

8 – Práticas informais: como incluir mindfulness na vida diária?

Além disso, esta pode se associar à estratégia de manter um diário de atividades cotidianas, observando-as e avaliando-as em termos de geração de "bem-estar", "neutralidade" ou "tensão", por exemplo. Esse exercício ou prática pode proporcionar uma consciência mais detalhada da rotina diária, permitindo, se necessário, mudanças futuras ou adaptações de forma mais realistas.

A partir dos registros diários e após 7 dias de anotações, por exemplo, pode-se ter uma observação mais consciente e realista da natureza das atividades semanais, com especial atenção às sensações de bem-estar, neutralidade ou tensão associadas às diversas atividades.

Tabela 2. Folha-resumo da qualidade das atividades realizadas em 1 semana

Bem-estar	Neutralidade	Tensão
Alimentar-se	Levar filho ao colégio	Escrever um texto
Meditar		Voltar dirigindo para casa
75 min/dia	40 min/dia	3 horas/dia

Neste exemplo houve predominância de momentos de tensão na semana. Um praticante, ao tomar consciência dessa situação, pode promover mudanças viáveis – por exemplo, planejando reduzir progressivamente cerca de até 20% do tempo total de atividades que geram tensão.

Propomos que você prepare agora sua própria folha-resumo, contendo no mínimo dois ou três dias de anotações:

Nome: _____ Dia: ____/____/____

Bem-estar	Neutralidade	Tensão
____ min/dia	____ min/dia	____ min/dia

PONTOS-CHAVE

→ Não é fácil aplicar a atenção plena à vida diária. É preciso estabelecer uma série de estratégias e não simplesmente usar a força de vontade.

→ As práticas formais que melhor podem ser usadas como práticas informais são a prática dos três minutos, caminhar em mindfulness e a meditação na respiração. Os pontos de ancoragem mais habituais na vida diária são o corpo e a respiração.

→ Podemos usar lembretes (*reminders*) programados com o alarme do celular a cada hora ou tempo que considerarmos adequados.

Um aspecto chave da prática formal é o uso do tempo ocioso e das tarefas rotineiras.

→ O uso de um *app* pode nos ajudar a melhorar nossa prática formal de maneira global. Um diário de prática informal (além do diário de prática formal) também pode nos ajudar a ter uma visão geral de nosso funcionamento diário.

9
MINDFULNESS E COMPAIXÃO

Se você quer que os outros sejam felizes, pratique a compaixão;
e, se você mesmo quer ser feliz, pratique a compaixão.

Dalai Lama

INTRODUÇÃO

Na tradição budista, a compaixão é uma das principais fontes no desenvolvimento de mindfulness. Além de ser um processo sistematicamente associado à meditação, a compaixão é considerada anterior na maioria das escolas (sobretudo a Mahayana e a Vajrayana) – em parte por ser considerada a "única motivação adequada" para se praticar a meditação, e ademais porque se entende que é difícil conseguir estados profundos de meditação sem antes praticar a compaixão por alguns minutos. Essa também é a percepção de muitos ocidentais que, nos grupos de formação, relatam melhores resultados na prática de mindfulness quando precedida de alguns minutos de prática de compaixão. Podemos dizer que a compaixão facilita a prática de mindfulness e que a prática de mindfulness desenvolve a compaixão.

Por outro lado, pesquisas científicas sobre a compaixão estão começando a confirmar que este grupo de práticas seria tão eficaz quanto mindfulness, ou até mais, em indivíduos com alguns tipos de transtornos, e que uma associação entre elas seria o ideal, tanto com finalidade terapêutica como preventiva do mal-estar psicológico. Essas práticas também mostraram-se bem úteis em ambientes como o educacional e o empresarial. Na realidade, além da "revolução *mindful*" (e como parte dela) estamos também presenciando uma "revolução da compaixão". Em um mundo tumultuado e competitivo (quando não destrutivo) como o nosso, o paradigma da compaixão no plano social pode facilitar uma convivência mais cooperativa e pacífica.

O QUE É COMPAIXÃO?

A palavra compaixão vem da palavra latina *compati*, que significa "sofrer com". O dicionário *Real Academia Española* define a compaixão como "sentimento de comiseração e lástima por quem sofre penas ou desgraças".*

Nessa definição, fortemente arraigada à tradição judaico-cristã, predomina o sentimento de "lástima", o que implica uma sensação de superioridade em relação à pessoa que está sofrendo. Tal visão de compaixão na língua espanhola é radicalmente diferente da usada em mindfulness (onde se pressupõe que a compaixão é um sentimento entre iguais) e tampouco coincide com o conceito predominante nos países anglo-saxões. De fato, é curioso perceber que, nos títulos de livros sobre mindfulness, quando traduzidos ao espanhol, evita-se usar a palavra "compaixão", devido à "rejeição" que esse conceito pode produzir na população de língua hispânica.

---

* O *Dicionário Houaiss da Língua Portuguesa* acrescenta que esse sentimento de comiseração vem acompanhado do desejo de diminuir o sofrimento do outro: "compaixão – s.f. sentimento piedoso de simpatia para com a tragédia pessoal de outrem, acompanhado do desejo de minorá-la; participação espiritual na infelicidade alheia que suscita um impulso altruísta de ternura para com o sofredor". [N. do E.]

Há uma série de termos relacionados à compaixão que não são equivalentes e que devem ser destacados. Na tabela a seguir (Tabela 1) veremos as descrições desses conceitos, que se vinculam, porém cada um com seu próprio significado.

Tabela 1. Termos relacionados à compaixão que designam conceitos diferentes (53)

- COMPAIXÃO: Uma das definições científicas mais aceitas é a de Goetz e colaboradores (26): "o sentimento que surge ao se presenciar o sofrimento do outro e que implica um desejo de ajudar".

- EMPATIA: Conceito muito utilizado em medicina e psicologia e que descreve a capacidade de sentir e entender as emoções de outra pessoa. Alguns autores a descrevem como "calçar os sapatos do outro".

- CONTÁGIO EMOCIONAL: Consiste em experimentar as mesmas emoções do outro, porém de maneira involuntária e fundindo-se emocionalmente com ele. É diferente da empatia, porque nesta o processo é voluntário e ambos os indivíduos sentem-se perfeitamente diferenciados. De fato, a empatia é uma qualidade que pode ser treinada, como ocorre com muitos profissionais, ao passo que o contágio acontece em pessoas com dificuldades para lidar com suas emoções e que, consequentemente, são facilmente influenciáveis.

> - SIMPATIA: Define a emoção que uma pessoa sente por outra, se esta a agrada. Esse sentimento positivo (ou negativo, no caso da antipatia) independe da capacidade de entender os sentimentos do outro (empatia). Entretanto, é óbvio que a empatia facilita a simpatia.
> - ALTRUÍSMO: Descrito como uma conduta que beneficia a outros, ainda que possa prejudicar a si mesmo. Geneticamente seria mais potente com os consanguíneos, já que essa conduta pretenderia, evolutivamente, salvar as crias dos predadores e facilitar a preservação da espécie.

Como se pode ver, existem muitos conceitos relacionados, ou mesmo parcialmente sobrepostos à compaixão. Para dificultar ainda mais, nem sempre há unanimidade quanto à definição desses termos, o que leva facilmente à confusão.

Devido à importância da tradição budista na origem de mindfulness e, ainda mais, no tema da compaixão, é interessante ampliar um pouco mais esse conceito. Uma das definições citadas com mais frequência, tanto no contexto do budismo como em mindfulness, é a do Dalai Lama: "A compaixão consiste no desejo de que todos os seres sensíveis estejam livres do sofrimento".

Uma palavra amplamente utilizada em mindfulness é *metta*, traduzida como "bondade amorosa" (*loving kindness*) e, como disse o Dalai Lama, consiste em "um sentimento de amor desinteressado dirigido aos outros (sem apego, sem buscar benefício próprio) e reflete o desejo de que todo mundo, sem distinção alguma, seja venturoso e feliz". A principal diferença entre bondade amorosa e compaixão está na ausência ou presença de sofrimento. Se não há sofrimento, o desejo de que os outros sejam felizes é "bondade amorosa" (*metta, loving kindness*). Se houver sofrimento, o desejo de que os demais se libertem dele é "compaixão" (*karuna*). Citando Germer (24), a compaixão seria um aspecto da bondade amorosa.

Em resumo, e como propõe Simón (53), os dois elementos-chave da compaixão são, por um lado, a sensibilidade ao sofrimento dos outros e de si próprio e, por outro, o compromisso de aliviar esse sofrimento. A sensibilidade ao sofrimento baseia-se na empatia, na compreensão dos estados de sua própria mente e da mente do outro, conceito que em psicologia chamamos "mentalização" ou teoria da mente.

É preciso enfatizar que empatia e compaixão não são sinônimos. Um sociopata pode utilizar a empatia para entender o horror de sua vítima e gerar mais terror (de modo que o psicopata obtenha prazer). Por outro lado, sentir empatia intensa por um indivíduo que está sofrendo pode nos deixar fatigados pelo sofrimento do outro. Essa "fadiga da compaixão" subjaz na base da "síndrome de *burnout*" (esgotamento laboral), e acaba produzindo indiferença emocional em relação à pessoa que está sofrendo, ou mesmo o cinismo e maus-tratos. De fato, níveis iniciais elevados de compaixão (e de expectativas de ajudar a outros) são preditivos de esgotamento em profissões de ajuda. Assim, por mais incrível que pareça, um dos grupos com maior incidência de síndrome de *burnout* é o de trabalhadores de organizações não governamentais (ONGs). Mais uma vez, mindfulness e compaixão constituem uma das intervenções mais eficazes para a prevenção e o tratamento dessa síndrome e para o desenvolvimento da autêntica empatia.

COMPAIXÃO E APEGO

Do ponto de vista evolutivo, aceita-se que a compaixão é chave para o cuidado com a descendência em espécies como a nossa, na qual as crias são muito vulneráveis ao nascer, necessitando do cuidado intenso e prolongado dos adultos para que possam sobreviver. Nestes primeiros anos de vida surge o que se denomina apego – a capacidade de afeto e confiança que sentimos por nós mesmos e por outras pessoas. O termo "apego" é um conceito psicanalítico clássico, desenvolvido por John Bowlby (5).

O autor defendia a ideia de que uma criança, ao se sentir ameaçada, ativa seu sistema de apego e busca instintivamente a proteção dos pais. Quando a criança encontra tal proteção de modo habitual, desenvolve um "apego seguro". Porém, se a proteção falha, a criança desenvolve uma profunda insegurança em relação aos pais – "apego inseguro"– determinando que todas as suas relações interpessoais na idade adulta estejam baseadas na desconfiança.

Bartholomew e Horowitz (1) desenvolveram um sistema de classificação dos adultos em quatro estilos principais de apego. Acredita-se que os estilos de apego, baseados em nossas experiências biográficas, seriam um dos elementos relevantes na manutenção do "eu autobiográfico". Existe um modelo de apego seguro e três de apego inseguro, com características diferentes:

Modelo de apego "seguro" (*secure*)

São indivíduos que experimentaram um cuidado infantil adequado e consciencioso e que, portanto, desenvolveram grande confiança em si mesmos e nos outros. Em consequência, sentem-se à vontade ao depender de outros e podem ter confiança em solicitar ajuda a outras pessoas.

Modelo de apego "de rejeição" (*dismissing*)

Ocorre em pessoas que experimentaram um cuidado infantil em que, de forma sistemática, a resposta do cuidador era inadequada ou nula. Por esta razão, desenvolveram desconfiança em relação aos outros e compensaram-se mediante estratégias compulsivas nas quais toda a confiança precisa recair exclusivamente em si próprias. Deste modo, mesmo que a sua visão de outros seja negativa devido a suas experiências infantis, a imagem de si mesmo é positiva em razão de suas estratégias de autoconfiança compulsiva.

Modelo de apego "preocupado" (*preoccupied*)

Inclui indivíduos cuja experiência infantil é a de um cuidado extremamente variável entre a resposta e a não resposta, com seus diferentes graus intermediários. Ou seja, o cuidado era errático, instável, podendo ser recebido ou não de maneira aleatória, geralmente dependendo dos níveis de patologia mental do cuidador naquele instante. Em consequência, tornam-se pessoas hipervigilantes a respeito da opinião dos outros, da qual dependem, e apresentam uma visão positiva dos outros até o ponto de se verem presas a ela. Renunciam a qualquer de seus desejos ou iniciativas que entrem em choque com a aprovação dos outros. Têm baixa autoestima, alto nível de estresse subjetivo e focam em afetos e pensamentos negativos.

Modelo de apego "temeroso" (*fearful*)

Pessoas que sofreram um cuidado frio ou violento, baseado na rejeição ou no castigo, motivo pelo qual desenvolveram uma visão negativa dos outros e de si mesmas. Assim como os "preocupados", apresentam baixa autoestima e afeto negativo, e também desejam contatos sociais, porém inibem este desejo pelo medo terrível à rejeição. Suas relações interpessoais na vida adulta caracterizam-se por fuga, depois de alcançar certo grau de intimidade.

Desde as primeiras descrições, partiu-se do princípio de que essas classificações se relacionariam de forma intensa com o tipo de relação interpessoal e de comunicação com outros. Por exemplo, indivíduos com uma visão negativa dos outros (modelos de apego "de rejeição" e "temeroso") aprenderam que as pessoas tenderão a ignorar ou rejeitar suas tentativas de buscar apoio. Portanto, em comparação a pessoas com uma visão positiva (modelos de apego "seguro" e "preocupado"), buscam menos apoio em outros, costumam não revelar seus sentimentos e suas relações são menos íntimas.

	Modelo do "eu"	
	+	**−**
Modelo dos outros +	**Seguro** Caracterizado por: • "Confiar nos outros" • "Sentir-se digno da atenção dos outros"	**Preocupado** Caracterizado por: • "Depender emocionalmente de outros"
Modelo dos outros −	**Rejeitado** Caracterizado por: • "Ser compulsivamente autoconfiante"	**Temeroso** Caracterizado por: • "Ter comportamento arredio" • "Temer a intimidade"

FUNDAMENTOS BIOLÓGICOS DA COMPAIXÃO

Paul Gilbert (25) descreve três sistemas neurobiológicos chaves no funcionamento do ser humano, descritos a seguir.

O sistema de satisfação, calma e segurança

Constituiria a base biológica do apego. Nos proporciona segurança, paz e alegria. É ativado nas relações de apego − na criança, quando é abraçada pelos pais e se sente segura; no adulto, ao desenvolver relações satisfatórias, significativas e colaborativas. É a base do sentimento de compaixão. A atividade deste sistema está relacionada a dois neurotransmissores:

Os opiáceos endógenos

Fazem com que nos sintamos tranquilos e seguros. As relações sociais seriam um fenômeno de adição, já que são parcialmente sustentadas por mecanismos de neurotransmissão opiácea. Isso poderia explicar o enorme poder de adição atual das redes sociais associadas às novas tecnologias.

A oxitocina

Os níveis de oxitocina na circulação sanguínea dos pais estão relacionados à qualidade e quantidade de contato afetivo que mantêm com os filhos.

O toque suave desencadeia a secreção de oxitocina em animais e em seres humanos. Por isso é usado para acalmar crianças, bem como nos exercícios de compaixão, em forma de autoabraço.

O sistema de ameaça e proteção

Permite detectar ameaças do mundo externo e encarrega-se de produzir emoções como o medo, a ansiedade, a raiva e a aversão. Entretanto, também pode ser ativado por estímulos internos, como o medo do futuro (de perda), a autocrítica ou as ruminações obsessivas. De fato, embora o ser humano atual não possua predadores ou ameaças externas relevantes, este circuito mantém-se fortemente ativado por um ambiente social vivido como ameaçador.

O sistema de conquista

Nos incita a buscar alimentos, procurar locais seguros para nos protegermos e encontrar o necessário para a vida. O desenvolvimento das sociedades humanas permitiu que as necessidades de sobrevivência estejam amplamente superadas (pelo menos nos países desenvolvidos), motivo pelo qual os objetos (dinheiro e tudo o que ele pode comprar) são utilizados como demonstração de status dentro da sociedade e considerados a principal fonte de felicidade. Por essa razão, a aquisição de bens não tem limites e é vista como a quintessência de nossa sociedade de consumo.

Assim, a sociedade atual caracteriza-se por um grande aumento da atividade tanto do sistema de ameaça (associado à autocrítica e à vergonha) como do sistema de conquista (correlacionado com o consumismo e a busca de uma posição social), ao passo que o sistema da satisfação e da calma encontra-se hipoativo. A compaixão permitiria ativar o sistema de calma e satisfação, o único capaz de se contrapor aos outros dois e de nos devolver a felicidade *per se*.

O MEDO À COMPAIXÃO NO OCIDENTE

Conforme já comentamos, o conceito de compaixão não é muito popular no Ocidente, pois é entendido como um tanto assimétrico, de maneira que aquele que oferece compaixão pareceria ter uma certa superioridade moral sobre aquele que a recebe.

Outra ideia negativa que se tem no Ocidente é a de que compaixão equivaleria à fraqueza. Muitas pessoas acreditam que, em um mundo tão competitivo como o nosso, a prática da compaixão as tornará vítimas dos predadores. A compaixão não rivaliza com a assertividade ou a defesa de nossos direitos. Pode ser uma forma de trabalhar com nossa mente para evitar emoções negativas, como a culpa, a hostilidade ou a inveja.

Práticas para o desenvolvimento da compaixão

Existem vários protocolos de treinamento para o desenvolvimento da compaixão e alguns deles foram traduzidos para o espanhol (22, 41). De um modo geral, compartilham algumas práticas básicas, originárias principalmente da tradição budista, com pequenas peculiaridades sobre o modelo teórico ou o processo de aprendizado. Incluiremos a prática básica de *metta,* que constitui o núcleo da compaixão, e mais alguma prática adicional para aprofundar neste treinamento.

"O amor incondicional" é uma capacidade da mente que pode ser aprendida e desenvolvida, como tem demonstrado a ciência. Consiste em olharmos para nós mesmos e para as outras pessoas com gentileza e amor, e não com um espírito crítico. Esse amor surge pelo simples fato de estarmos vivos, por buscarmos a felicidade e evitarmos o sofrimento.

Uma boa mostra de amor incondicional surge na forma de alegria solidária, como a capacidade de nos alegrar com a felicidade dos outros. O problema é que muitas vezes temos dificuldade em desenvolver a alegria solidária e o que surge é a inveja. Muitos autores sugerem que deveríamos praticar o amor incondicional mesmo que por "egoísmo", pois assim seríamos mais felizes. O Dalai Lama diz que "neste mundo há mais de 7 bilhões de pessoas além de nós. Se formos capazes de nos alegrar cada vez que uma dessas pessoas estiver feliz (e não apenas quando nós estamos felizes), nossa probabilidade de nos alegrar aumentará à razão de 7 bilhões para um".

PRÁTICA FORMAL E INFORMAL DE COMPAIXÃO (*METTA*)

Ao final deste capítulo apresentaremos uma das práticas formais de *metta* mais utilizadas entre as várias existentes. Podemos praticar *metta* de maneira independente ou como introdução (nos primeiros 5 a 10 minutos) às demais práticas de mindfulness descritas. Além disso, descreveremos uma prática simples para trabalhar com a inveja, um dos grandes inimigos da compaixão. Assim como as práticas formais de *metta*, também há práticas informais, algumas das quais abordaremos mais adiante. Da mesma forma que em mindfulness, as práticas formais facilitam as informais.

Práticas informais de *metta*

Estas são algumas práticas da vida diária para reforçar o amor incondicional:

Não se critique.
Veja o que há de bom em você

Ao identificar um pensamento, emoção ou conduta que lhe desagrade, não se critique de modo global ("Sou miserável, como posso pensar isto?"). Identifique o fenômeno mental com objetividade e envie compaixão a si mesmo. Você é essa emoção ou pensamento, mas não é apenas isso. Você também é outras emoções e pensamentos positivos. Por isso, neste momento, vá em busca do que existe de bom em você.

Não critique outras pessoas.
Veja o que há de bom nelas

Agora faça com as outras pessoas o mesmo que fez consigo. Você não conseguirá ter compaixão por si próprio se não tiver pelos outros e vice-versa. Se tiver que dizer algo a alguém, diga-lhe, mas não o critique na frente dos outros. Gerar discórdia no mundo não serve a ninguém. Pode-se pensar nos aspectos positivos dessa pessoa. Outra possibilidade é desenvolver a empatia, pensando: "Se eu estivesse nas mesmas circunstâncias que ela, certamente faria o mesmo".

Pratique a compaixão ao caminhar

Ao longo do dia, transmita compaixão às pessoas que encontrar, dia após dia. Envie-lhes compaixão e verá como sua atitude se modifica com o tempo.

Seja consciente da compaixão em pessoas ao seu redor
Diariamente algumas pessoas são compassivas conosco (exemplos: dão-nos a preferência em situações cotidianas, importam-se conosco e com nossas famílias, ou nos oferecem um sorriso). Perceba a bondade demonstrada por outras pessoas e fique feliz com isso.

Faça algum ato generoso todos os dias
Demonstre afeto compassivo às pessoas ao seu redor: um sorriso, uma cortesia, uma palavra de agradecimento, um presente inesperado, um abraço afetuoso etc. Tente aumentar a felicidade que existe no mundo começando por seu entorno. Podemos pensar: "Nós, que estamos bem e praticamos mindfulness, podemos ajudar a tornar este mundo um pouco melhor". Essa é uma questão profunda, e que nos permite indagar sobre o sentido de nossa prática.

PRÁTICA DE COMPAIXÃO (*METTA*)

Nesta prática, levamos nossa mente para uma atitude empática e amável em relação a nós e aos outros. Por essa razão, é também conhecida como "meditação na compaixão", ou "prática da consciência amorosa", entendendo-se aqui a bondade ou compaixão como aceitação não crítica de si mesmo e dos demais.

→ **Passo 1.** Adote uma posição confortável, sentada ou deitada, deixando que o corpo estabilize-se nessa posição, de maneira lenta, suave e consciente, fechando os olhos.

→ **Passo 2.** Em seguida, imagine que você está sozinho, praticando "mindfulness na respiração" em um lugar confortável e tranquilo de sua preferência. Devagar, comece a tomar consciência de sua própria condição humana, como se você fosse um observador externo, mantendo uma atitude não crítica, com aceitação, suavidade e amabilidade consigo mesmo (da mesma forma que fazemos com as crianças). Passe alguns minutos explorando suas angústias, medos, fragilidades, imperfeições, bem como suas conquistas e momentos felizes e agradáveis. Abrançando a si mesmo, repita em seu interior: "Que eu possa ser feliz! Que tudo corra bem comigo! Que eu possa alcançar a paz!" Permaneça nesse estado por algum tempo.

→ **Passo 3.** Quando quiser, comece a imaginar que uma pessoa com quem você tem uma boa relação de amizade (um amigo ou amiga sem nenhum vínculo amoroso) chega, senta-se ao seu lado e começa a praticar mindfulness na respiração. Do mesmo modo como fez consigo próprio, tome consciência da condição humana do seu amigo, mantendo também uma atitude amável para com ele. Considere se seu amigo, assim como você, tem alguns momentos de angústia, medo, fragilidade, imperfeições, e também conquistas, momentos felizes e agradáveis. Abraçando a si mesmo (como se abraçasse seu amigo), repita internamente, enquanto sente que dirige afeto a ele: "Que você possa ser feliz! Que tudo corra bem com você! Que você possa alcançar a paz!" Permaneça nesse estado por algum tempo. Por último, pode imaginar que essa pessoa se despede amavelmente, deixando-o sozinho de novo.

➔ **Passo 4.** Imagine agora uma pessoa com quem você tem uma relação neutra, nem de amizade nem de conflito. Pode ser alguém totalmente desconhecido, inclusive de outro país. Essa pessoa vem sentar-se ao seu lado e também começa uma prática de mindfulness na respiração. Mais uma vez, da mesma maneira que fez consigo próprio, tome consciência da condição humana dessa pessoa neutra, mantendo uma atitude amável em relação a ela. Explore seus momentos de angústia, medos, fragilidade, imperfeição, bem como suas conquistas e seus momentos felizes e agradáveis. Pense que lhe envia seu afeto, enquanto lhe diz: "Que você possa ser feliz! Que tudo corra bem com você! Que você possa alcançar a paz!" Permaneça nesse estado durante algum tempo e depois pode imaginar que a pessoa se despede, deixando-o sozinho outra vez.

➔ **Passo 5.** Agora, imagine que uma pessoa com quem você tem uma relação conflituosa neste momento (não o seu pior inimigo, mas alguém com quem você tem algum conflito) entra e senta-se ao seu lado, e também começa a praticar mindfulness na respiração. Tome consciência da condição humana dessa pessoa, em uma atitude não crítica e amável para com ela. Considere por um tempo se ela (da mesma forma que você) tem momentos de angústia, medos, fragilidades, imperfeições, bem como conquistas, momentos felizes e agradáveis. Se puder (talvez seja muito difícil para você e, nesse caso, não force; esta é uma prática progressiva, se não conseguir agora, conseguirá no futuro), sinta que envia a essa pessoa sua energia positiva, enquanto lhe diz: "Que você possa ser feliz! Que tudo corra bem com você! Que você possa alcançar a paz!" Permaneça nesse estado por algum tempo e depois pode imaginar que a pessoa se despede, deixando-o sozinho novamente.

→ **Passo 6.** Por último, imagine-se agora convidando as mesmas três pessoas para meditar ao seu lado, ao mesmo tempo. Se conseguir, imagine-se também convidando mais pessoas, inclusive outras do entorno, da cidade ou até mesmo de todo o planeta (representando toda a humanidade). Seja consciente da variação das relações humanas – pessoas que hoje são suas amigas eram-lhe indiferentes antes; talvez você tenha péssimas relações com alguns amigos do passado, por exemplo um ex-cônjuge/companheiro; e você pôde resolver conflitos com pessoas com quem você se dava mal no passado e que hoje são suas amigas. Não há uma definição de amigo ou inimigo em si, são apenas rótulos mutáveis de nossa mente e que não correspondem a uma realidade objetiva. Permaneça nesse estado por algum tempo e imagine que essas pessoas despedem-se de você, deixando-o sozinho novamente.

→ **Passo 7.** Depois de meditar sozinho por algum tempo, volte sua atenção e observação para as sensações físicas e emocionais de todo o corpo neste momento e, aos poucos, finalize a prática.

> **PRÁTICA:** PARA TRABALHAR COM A INVEJA

Pense em uma situação na qual você sentiu inveja de alguma pessoa, em que não se alegrou em saber que algo deu certo para ela. Às vezes simplesmente essa pessoa não nos agrada, essa pessoa pertence ao grupo que categorizamos como "inimigos". Essa única razão já justifica nosso sentimento de animosidade. A prática de *metta* habitual pode nos ajudar a mudar nossos sentimentos. Entretanto, é incrível que a inveja muitas vezes possa surgir quando as coisas dão certo para nossos amigos e pessoas queridas. Como é possível não nos alegrarmos quando as coisas dão certo para eles? Em geral, há duas razões básicas para isso:

➔ A primeira é uma ideia preconcebida, segundo a qual as coisas boas e a felicidade que acontece no mundo são bens de quantidade limitada. Portanto, se alguma pessoa, ainda que seja um amigo, conseguir uma certa quantidade dessa felicidade, é menos provável que sobre algo para nós. Esse pensamento costuma surgir nos primeiros anos de vida, em relação a nossos pais e irmãos. As crianças têm a ideia de que o afeto e a atenção dos pais são limitados e que é preciso lutar por eles (e contra os irmãos). Se os pais dão atenção aos nossos irmãos, é provável que recebamos menos afeto e, por isso, entramos em competição. Podemos nos concentrar em nossos primeiros anos de vida e tentar compreender esses sentimentos infantis de inveja.

→ Uma segunda razão, ainda mais frequente, é a falácia da justiça: achamos injusto que a felicidade tenha chegado a essa pessoa enquanto nós – que a merecemos mais, pois nos empenhamos mais – não conseguimos obtê-la. O erro por trás dessa argumentação é pensar que o esforço de cada um pode ser mensurado. Além do mais, a felicidade não surge, necessariamente, como recompensa por um esforço, embora essa seja uma ideia subjacente na humanidade.

Há duas outras linhas de raciocínio que podem nos ajudar a lidar com a inveja que sentimos com relação aos amigos:

→ Nossa felicidade é ilimitada e independe de outras pessoas e de objetos externos. Mindfulness permite nos conectar à alegria incondicional, que surge pelo simples fato de estarmos vivos aqui e agora, e ser conscientes disso. Nossa felicidade só depende de nosso trabalho interior, e não do ambiente ao nosso redor.

→ Em que me beneficia que outra pessoa não seja feliz? É evidente que não me beneficio do sofrimento dos outros. A prática da alegria compartilhada nos permitiria sentir que, quanto mais alegria houver no mundo, é melhor para todos.

PONTOS-CHAVE

→ Muitas pessoas que participam nos grupos de formação relatam que sua prática de mindfulness melhora quando iniciada com alguns minutos de prática de compaixão.

→ Compaixão é "o sentimento que surge ao presenciar o sofrimento do outro e que implica o desejo de ajudar".

→ Alguns conceitos relacionados à compaixão, embora distintos, são: empatia, contágio emocional, simpatia e altruísmo.

→ Os dois elementos-chave da compaixão são, por um lado, a sensibilidade ao sofrimento dos outros e de si mesmo, e, por outro, o compromisso de aliviar esse sofrimento.

→ A sociedade atual caracteriza-se por um grande incremento da atividade tanto do sistema de ameaça (associado à autocrítica e à vergonha) como do sistema de conquistas (correlacionado ao consumismo e à busca de uma posição social), ao passo que o sistema de satisfação e calma encontra-se hipoativo.

10
O SENTIDO DA VIDA, VALORES E MINDFULNESS

*Abra seus braços à mudança,
mas não abandone seus valores.*
Dalai Lama

A IMPORTÂNCIA DOS VALORES EM MINDFULNESS

Mindfulness é uma prática oriunda de tradições orientais que foi despojada de qualquer reminiscência religiosa ou cultural para converter-se em uma técnica psicoterapêutica científica. Uma das críticas feitas a mindfulness é que nesse processo de ocidentalização, perdeu suas raízes éticas e espirituais, convertendo-se em uma espécie de aberração.

Por outro lado, nos últimos anos a psicologia tem enfatizado os aspectos espirituais do indivíduo como um elemento imprescindível para sua saúde mental, assim como a importância dos valores como motor de todas as suas ações. No caso de mindfulness (como em qualquer outra mudança no estilo de vida), uma pessoa só conseguirá sustentar uma prática regular ao longo do tempo se tal ação estiver ancorada em seus valores, já que estes constituem o principal sentido de sua vida.

Neste capítulo analisaremos conceitos-chave da psicologia atual, como o sentido da vida ou os valores, bem como sua relação com a prática de mindfulness.

O SENTIDO DA VIDA

O psiquiatra e neurologista Viktor Frankl foi um dos pioneiros a falar sobre este sentido da vida em seu livro *Em Busca de Sentido*, criando assim a logoterapia. Atualmente, a psicologia define *sentido da vida* como "o grau em que um indivíduo atribui sentido e vê importância em sua vida, e acredita que ela tem um propósito" (56). No sentido da vida, duas concepções são interpretadas:

- O sentido que as pessoas dão à vida, o que querem transmitir aos demais a partir de sua vida. Seria a qualidade cognitiva do sentido da vida.
- O que as pessoas tentam fazer e aspiram atingir. Também é definido como "propósito".

Em geral, ter um sentido claro na vida está associado a qualidades positivas, como maior bem-estar psicológico, menor incidência de transtornos psiquiátricos, maior resiliência e força de caráter.

Entretanto, parece existir uma grande diferença entre a presença de significado e a intensidade com que as pessoas o perseguem. Se a busca parte de uma posição de força, tratando de atribuir um sentido à vida de maneira consciente e positiva, associa-se ao bem-estar psicológico e a outras qualidades mencionadas anteriormente.

Por outro lado, se como consequência de fracassos importantes na vida – e produto do neuroticismo e das emoções negativas – buscarmos desesperadamente um sentido para nossa vida, isto costuma associar-se com frequência a uma patologia psiquiátrica.

OS VALORES

O tema dos valores não procede originalmente de mindfulness, mas sim de uma terapia de terceira geração muito relacionada: a terapia de aceitação e compromisso (ACT, em inglês).

Os valores são os objetivos vitais que uma pessoa tem na vida: o que ela considera importante, aquilo pelo qual gostaria de ser lembrada após sua morte. Os valores nunca nos saturam, dando qualidade e sentido aos nossos atos. Muitas pessoas nunca refletiram sobre os seus valores. No entanto, qualquer de nossas ações, para que sejam sustentadas ao longo do tempo (por exemplo, praticar mindfulness ou ter uma conduta saudável), não podem se realizar de forma isolada, sem um sentido global. Quando há compatibilidade com nossos valores, haverá força suficiente para mantê-las. Qualquer ação, para perdurar, deve estar ancorada nos valores do indivíduo.

DOIS EXERCÍCIOS SIMPLES PARA REFLETIR SOBRE OS VALORES

EXERCÍCIO DE REFLEXÃO

Um exercício que pode ser usado nas primeiras sessões de mindfulness para nos sensibilizar sobre os valores consiste em pensar naquilo que é mais importante para nós, na vida. Adotamos uma postura de dignidade, respiramos algumas vezes e passamos a refletir sobre o que queremos fazer da vida. Após alguns minutos, pode-se fazer uma discussão geral.

> **EXERCÍCIO DO EPITÁFIO**
> A técnica anterior permite sensibilizar sobre o tema, mas é muito racional. Para nos conectar de modo mais emocional com nossos valores, usa-se esta técnica. Tem menos intensidade emocional que as descritas ao final do capítulo e, portanto, pode servir de introdução. Consiste em decidir que frase colocaríamos em nosso túmulo, como epitáfio. Uma frase curta que resumisse nossa passagem pelo mundo.

Há diversas listas de valores possíveis, porém uma das mais utilizadas é a que descrevemos a seguir e que procede da terapia ACT. Abrange os principais aspectos da vida e qualquer outro tema que surgir pode ser incluído.

Tabela 1. Os principais valores dos seres humanos

- Relacionamento afetivo
- Família e filhos
- Amigos
- Trabalho
- Educação/formação
- Tempo livre/lazer
- Comunidade, cidadania e política
- Espiritualidade
- Saúde e bem-estar
- Ecologia e natureza

O importante não é ter uns ou outros valores. Todos são valiosos e a relevância que cada indivíduo lhes outorga é um tema pessoal. De fato, um terapeuta que trabalhe com valores deve ter muito cuidado para não tentar modificar os valores do indivíduo e, principalmente, não induzir o cliente a adotar os seus. O objetivo-chave é que a pessoa possa identificar seus valores e ter clareza sobre a importância de cada um deles em sua vida. Há duas razões básicas para isso:

1. Para que possa ser coerente com seus valores.
2. Para que tais valores possam constituir a base de suas ações de compromisso.

Uma forma de ter claro o que exatamente gostaríamos de atingir e como poderíamos definir cada um desses valores é descrevendo uma "direção valiosa" para cada um deles. Em outras palavras, explicar como sabemos que estamos nos aproximando de nossa aspiração nesse valor de modo concreto. Devemos sempre levar em conta que, por definição, valores são objetivos inatingíveis, como uma estrela que guia nosso caminho, mas que nunca poderemos alcançar. Essa é uma diferença importante entre valores e objetivos.

Tabela 2. Formulário narrativo de valores. Descrevendo a "direção valiosa"

VALORES	NARRAÇÃO DA DIREÇÃO VALIOSA
RELAÇÕES FAMILIARES	Exemplo: "Manter uma relação fluida com meus dois filhos e suas famílias".
CASAMENTO/ RELACIONAMENTO	Exemplo: "Ter uma relação conjugal satisfatória, autêntica e compromissada".
AMIZADES E RELAÇÕES SOCIAIS	
TRABALHO E CARREIRA PROFISSIONAL	
EDUCAÇÃO E DESENVOL-VIMENTO PESSOAL	
TEMPO LIVRE E LAZER	
ESPIRITUALIDADE	
CIDADANIA, POLÍTICA E INQUIETAÇÕES SOCIAIS	
ECOLOGIA E NATUREZA	
SAÚDE E BEM-ESTAR	

A COERÊNCIA DOS VALORES

Já comentamos que o mais importante não é quais valores cada indivíduo tem, mas a sua coerência com eles. Uma medida confiável de coerência é o tempo dedicado a um determinado valor. Se um indivíduo considera um certo valor muito importante, o esperado é que dedique bastante tempo a ele.

Um exemplo de incoerência é a pessoa que diz que seu valor mais importante é sua família e seus filhos, mas dedica pouco tempo a estar com eles porque emprega todo o tempo trabalhando. A incoerência nos valores constitui uma importante causa de sofrimento.

É comum encontrarmos pessoas que, ao final de sua vida, tomam consciência de que dedicaram todo seu tempo a um valor que não era o mais importante. Por exemplo, um idoso que percebe que passou a vida toda trabalhando e perdeu a infância e a adolescência dos filhos. Sabe que agora é tarde demais e que não poderá recuperar aqueles anos.

Em seguida, preencheremos a tabela seguinte, pontuando de 0 a 10 a importância de nossos valores, o tempo dedicado a eles e a coerência com cada valor.

Tabela 3. A coerência dos valores

ÁREA	IMPORTÂNCIA (0-10)	TEMPO DEDICADO (0-10)	COERÊNCIA
RELAÇÕES FAMILIARES			
CASAMENTO OU RELACIONAMENTO	Exemplo: 10	5	Importante incongruência - 5
AMIZADES E RELAÇÕES SOCIAIS			
TRABALHO E CARREIRA PROFISSIONAL	Exemplo: 8	9	Importante congruência +1
EDUCAÇÃO E DESENVOLVIMENTO PESSOAL			
TEMPO LIVRE E LAZER			
ESPIRITUALIDADE			
CIDADANIA, POLÍTICA E INQUIETAÇÕES SOCIAIS			
ECOLOGIA E NATUREZA			
SAÚDE E BEM-ESTAR			

O preenchimento desta tabela será útil para sabermos até que ponto somos coerentes com nossos valores.

AÇÃO DE COMPROMISSO

Muitas vezes nossas ações resultam infrutíferas, quando não contraproducentes. Geralmente são atos realizados sem motivação, passivamente, sem decidir. Tanto a terapia de aceitação e compromisso como a psicologia positiva falam de "ações de compromisso". A ação de compromisso não é uma qualidade da pessoa, mas sim uma capacidade que todos podem melhorar. Define-se como uma qualidade de nossas ações caracterizada pelo compromisso do indivíduo com seus valores e pela presença de maior efetividade.

Deve-se destacar que o compromisso não é um ato de vontade ou uma devoção a um objeto em particular. Tal ideia pode nos bloquear na hora de realizarmos essas ações. A ação de compromisso deve apresentar as três características a seguir:

- É uma ação.
- Baseada em nossos valores.
- Que se realiza aqui e agora, não no futuro.

Exemplo: vamos imaginar que meu principal valor sejam meus filhos. Uma ação de compromisso para esta semana (aqui e agora) seria passar meia-hora por dia brincando com meus filhos ou fazendo o dever de casa com eles.

A partir da identificação dos valores do indivíduo e de uma descrição narrativa deles, recomenda-se estabelecer alguns objetivos baseados em tais valores. As ações comprometidas são atos que podem ser realizados no momento atual e que nos aproximam aos objetivos que encarnam os valores.

Há uma grande diferença entre os objetivos baseados em valores frente aos objetivos que temos de modo habitual (não relacionados com valores). Esses objetivos são flexíveis e nada acontece se não forem atingidos, pois podem ser substituídos por outros, igualmente importantes, e que nos aproximam dos valores proporcionando-nos bem-estar. Um exemplo pode ser a escolha profissional. Se meu principal valor são as inquietações sociais vinculadas à espiritualidade, terei vontade de ajudar as pessoas e essa aspiração poderá ser conduzida pelo estudo de qualquer profissão ligada à saúde social.

Entretanto, os objetivos da maioria das pessoas não estão suficientemente ancorados em valores e, portanto, não são flexíveis, mas restritos, e assim não podem ser substituídos por outros. Em nosso exemplo, o objetivo poderia estar limitado a uma única profissão (como a medicina ou a enfermagem), o que pode se converter em uma fonte importante de frustração e sofrimento, caso o objetivo não seja atingido.

PRÁTICAS

Há várias práticas para identificar e desenvolver os valores. Podem ser utilizadas de forma separada ou, sobretudo, no contexto de retiros de mindfulness, empregar-se de modo concatenado na sequência descrita a seguir:

→ O ANCIÃO
Adote sua postura de meditação habitual. Tome consciência do corpo como um todo e faça algumas respirações conscientes. Imagine à sua frente uma tela preta de cinema, enorme, onde serão projetadas imagens.

- **Você tem 10 anos**

Recrie da maneira mais fidedigna possível sua aparência física com essa idade, a casa onde morava, seus amigos etc. Permaneça alguns segundos reconstruindo essa cena e seus sentimentos naquela época. Tente lembrar como você imaginava que seria quando crescesse e como queria que sua vida fosse quando adulto. Passe alguns segundos tentando recordar esse período. Deixe que, pouco a pouco, a imagem desapareça.

- **Você tem 20 anos**

Você acabou de entrar na faculdade ou começou a trabalhar. Recrie sua aparência física naquela idade, a casa onde vivia, seus amigos. Permaneça alguns segundos reconstruindo essa cena. Lembre-se de seus planos para a vida e as coisas que considerava importantes nessa idade. Passe alguns segundos evocando esse tempo e identificando esses pensamentos. Deixe que aos poucos a imagem desapareça.

- **Você tem 30 anos**

Nessa idade você começa a estabelecer uma atividade profissional e, no âmbito pessoal, é provável que tenha um relacionamento estável, talvez até com filhos. Recorde-se de si mesmo a essa idade e recrie como você era na época, o lugar onde você morava e as pessoas com quem convivia. Permaneça nessa cena por alguns segundos. Rememore quais eram seus valores na época e o que era mais importante para você em sua vida. Passe alguns segundos identificando essas ideias. Aos poucos, deixe que a cena se dilua.

- **Você tem 45 anos**

Nessa idade a pessoa é consciente de que muitas coisas que queria alcançar na vida não acontecerão. Em parte, essa é a origem da crise dos 40 anos. Recorde esse período, ou imagine-o se você ainda não passou por essa idade. Lembre quais eram seus valores ou reflita sobre o que imagina que será importante para você nessa fase. Passe algum tempo pensando nisso até que a imagem desapareça.

- **Você tem 65 anos**

Você acaba de se aposentar e sua vida profissional foi concluída. O mais frequente é que o trabalho deixe de ser um dos valores principais e muitas pessoas não têm claro com o que substituí-lo. Imagine como será esse momento de sua vida: onde você viverá, com quem estará. Pense em quais serão seus valores nessa fase. Elabore essas ideias por algum tempo até que tudo desapareça.

- **Você tem 85 anos**

Você chegou ao final da vida e sabe que não viverá por muito tempo. Agora pode ter uma perspectiva global de tudo o que fez neste mundo. Pense como será sua vida então. Onde estará morando e com quem, as pessoas que serão importantes para você nesse período. Pense, da perspectiva de toda a sua vida, o que será o mais importante agora e quais serão seus valores. Permaneça um tempo pensando em como verá, a partir desse momento único, toda sua vida. Esses serão os valores mais importantes. Fique alguns segundos refletindo sobre isso e pensando até que ponto esses valores são diferentes da vida que você leva na atualidade.

Aos poucos, a imagem desaparece. Preste atenção na respiração por alguns segundos e sinta o corpo como um todo. Quando quiser, abra os olhos e movimente-se.

➔ A DESPEDIDA

- Adote sua postura habitual de meditação. Tome consciência de todo corpo e respire algumas vezes, com atenção. Imagine à sua frente uma tela preta de cinema, enorme.

- Imagine que você está dirigindo sozinho por uma estrada e sofre um acidente. Seu carro perde o controle e colide com a grade do acostamento. Você sente que está gravemente ferido e preso nas ferragens. Sabe que lhe restam poucos minutos de vida.

- Pense que morrerá de uma forma completamente inesperada. Está consciente de todas as questões pendentes em sua vida (e todas eram importantes). Pensa que é um dos piores momentos da sua vida para morrer, mas percebe que será inevitável. O que gostaria de fazer nesses poucos minutos de vida que lhe restam? Gostaria de falar com alguém? O que lhe diria? Gostaria de resolver alguns desses temas pendentes? Em que sentido?

- Se você morrer neste momento, quais as questões importantes que ficarão sem resolução? Que aspectos da sua vida ou de seus relacionamentos gostaria de modificar? Reflita alguns segundos sobre isso. A boa notícia é que você não vai morrer. Acredita que alguns desses assuntos poderiam ser resolvidos agora? Ainda há tempo.

- Aos poucos, a imagem desaparece. Preste atenção na respiração por alguns segundos e no corpo como um todo. Quando quiser, abra os olhos e movimente-se.

→ **O FUNERAL**
Adote sua postura habitual de meditação. Tome consciência do corpo como um todo e respire algumas vezes, com atenção. Imagine à sua frente uma tela preta de cinema, enorme.

• Você está assistindo ao seu funeral. Pode contemplar seu ataúde em uma igreja ou local onde decidiu que sua cerimônia de sepultamento será realizada. Crie a cena com a maior riqueza de detalhes possível. Aos poucos, seus familiares vão passando diante de você para se despedir e dar-lhe seu último adeus. Imagine quem serão as pessoas presentes: seu cônjuge, seus filhos, seus irmãos, seus pais, seus amigos. Escolha as 4 ou 5 pessoas mais importantes de sua vida. Elas passarão para se despedir pela última vez.

• Passam as primeiras pessoas. Aproximam-se do caixão e despedem-se de você, chorando. Não pense em como se sentirão nesse momento ou como sofrerão. Em vez disso, pense na lembrança que gostaria de ter deixado para elas durante sua vida, por quais aspectos gostaria de ser lembrado pelas pessoas que foram importantes em sua vida. É possível que isso varie de acordo com a sua relação que teve com cada uma delas.

• Aos poucos, aquelas 4 ou 5 pessoas mais importantes de sua vida começam a passar, uma de cada vez. Conforme passam em frente ao seu féretro, pense em como gostaria que se lembrassem de você, na imagem que gostaria que guardassem para sempre. Fique alguns segundos pensando nessa lembrança que gostaria de deixar, se morresse agora. Reflita se seria essa a imagem que deixará às pessoas mais próximas ou se seria muito diferente. Você tem tempo para modificar o que for necessário nessa direção.

• Aos poucos, permita que a imagem desapareça. Preste atenção na respiração e no corpo como um todo por alguns segundos. Quando quiser, abra os olhos e movimente-se.

PONTOS-CHAVE

→ O sentido da vida é "o grau em que um indivíduo atribui sentido e vê importância em sua vida, e acredita que ela tem um propósito".

→ De um modo geral, a clareza do sentido da vida está associada a qualidades positivas, como maior bem-estar psicológico, menor frequência de transtornos psiquiátricos, bem como maior resiliência e força de caráter.

→ Os valores são os objetivos vitais que uma pessoa tem na vida, aquilo que ela considera importante e pelo qual gostaria de ser lembrada após sua morte. Os valores nunca nos saturam, dão qualidade e sentido a nossos atos.

→ O objetivo-chave é que o indivíduo possa identificar seus valores e ter clareza sobre a importância de cada um deles em sua vida. Há duas razões básicas para isso: para que possa ser coerente com seus valores e para que estes possam formar a base de suas ações de compromisso.

→ O importante não é quais valores cada indivíduo tem, mas a sua coerência com eles. Uma medida confiável de coerência é o tempo que a pessoa se dedica a um valor. Se consideramos um valor muito importante para nós, uma atitude coerente é dedicar bastante tempo a ele.

11
O MANEJO DAS EMOÇÕES

Uma perda, um ganho.
Provérbio japonês

AS EMOÇÕES DO PONTO DE VISTA PSICOLÓGICO

A psicologia define as emoções como uma ampla gama de fenômenos, que incluem:

- Sentimentos
- Pensamentos
- Mudanças fisiológicas e correlatos corporais
- Tendência a agir

Usemos como exemplo uma emoção de raiva após sermos insultados por alguém com quem temos um conflito. O sentimento é de raiva, o pensamento pode ser de crítica à outra pessoa, a tendência a agir (certamente reprimida) consiste em agredir o outro, e as mudanças fisiológicas incluiriam tensão muscular, palpitações e os sintomas próprios de um acesso de raiva. Embora estes quatro elementos estejam presentes, o fenômeno mais visível e que identificamos mais claramente é o sentimento.

Entre os diversos fenômenos mentais que analisamos em mindfulness (sensações, pensamentos e emoções), sem dúvida as emoções constituem o fenômeno mental que mais nos absorve e com o qual nos identificamos mais. É por essa razão que trabalhamos com ela em último lugar ao praticar mindfulness na respiração. As emoções se destacam frente aos outros elementos mentais porque:

– Possuem um significado pessoal (já que se estruturam com base na imagem que temos de nós mesmos, de nosso eu).

– Surgem no contexto relacional (a maioria é produzida por aquilo que os outros dizem ou pensam de nós ou por aquilo que pensamos que os outros pensam ou sentem a nosso respeito).

A psicologia avalia as emoções, tradicionalmente, com base em duas variáveis:

A valência: definida como a atração intrínseca (valência positiva) ou aversão (valência negativa) produzida por um objeto, situação ou evento. A valência classifica a emoção em uma escala que vai desde o negativo ao positivo, passando pelo neutro.

Ativação ou *arousal*: Descreve a excitação ou ativação fisiológica produzida por uma emoção e inclui aspectos como o aumento da frequência cardíaca, pressão arterial etc. O *arousal* de uma emoção pode variar em uma escala de pouca a muita intensidade.

Do ponto de vista da ciência, existem mudanças corporais específicas que se correlacionam com a valência e com o *arousal*. A valência vem definida por movimentos musculares, medidos por eletromiografia facial. Assim, as emoções positivas ativam o músculo zigomático maior, que produz o sorriso. Por outro lado, as emoções negativas ativam o corrugador do supercílio, que se encontra entre as sobrancelhas, e produz o franzimento da testa. O *arousal* principalmente se associa à condutância elétrica da pele, que aumenta frente a qualquer emoção intensa, independentemente da valência. A maior condutância é produzida pela sudorese, gerada pelo sistema nervoso simpático, que ativa a reação para a luta/fuga. Estudos de neuroimagem realizados com ressonância magnética funcional parecem confirmar o correlato cerebral deste modelo descrito.

Os seres humanos estão sempre à procura de um significado. As emoções básicas que sentimos são as mesmas que a dos primatas e incluem alegria, tristeza, amor, raiva e medo. Entretanto, os seres humanos conseguem ter um amplo leque de emoções que os caracte-riza graças aos processos de avaliação cognitiva.

Como é o processo de interpretação das emoções? Continuamente recebemos milhões de dados do ambiente externo, no entanto só conseguimos processar uma pequena parte, aqueles dados aos quais dedicamos nossa atenção. Conforme a citação clássica de William James, um dos pais da psicologia, "Minha experiência é aquilo a que decido prestar atenção". Interpretamos o significado do que vemos com base em nossas experiências passadas. Posteriormente, a emoção é o que desvia nossa atenção e a dirige aos estímulos que lhes são próprios. A ansiedade, por exemplo, produz um viés cognitivo de modo a atender especificamente a estímulos ansiosos, o qual perpetua o ciclo. Assim, devemos ter em conta que as emoções são sistemas de auto-organização que tendem a se autoperpetuar. Vamos imaginar que desenvolvemos uma emoção de desespero; qualquer acontecimento que nos ocorra, mesmo que normal (como não ser aceito em uma entrevista de trabalho) será distorcido cognitivamente por nossa mente e interpretado como mais uma razão para desesperar-se: "Sou um inútil, nunca conseguirei trabalho". Desta forma, se reforçam as cognições negativas, o sentimento de desesperança, gerando condutas congruentes com esse estado (por exemplo, não se candidatando a nenhum trabalho).

A VIDA NÃO É BOA NEM MÁ, SIMPLESMENTE É

Estritamente falando, os acontecimentos da vida são estímulos ambíguos, já que podem ser interpretados de modo positivo ou negativo. Um exemplo: uma depressão pode ser interpretada como uma fraqueza ou como uma oportunidade para mudar de vida. A Tabela 1 resume uma antiga lenda chinesa que ilustra esse fenômeno:

Tabela 1. Antiga lenda chinesa sobre a sorte e a desgraça

Em uma pequena aldeia da China Antiga vivia o senhor Wei. Um certo dia de verão, seu rebanho escapou e fugiu para a montanha. Os moradores da aldeia disseram-lhe: "Que azar, senhor Wei!" E ele respondeu: "Talvez sim, talvez não".

Quando chegou o inverno, seu rebanho voltou à aldeia muito maior, pois muitas crias haviam nascido durante o verão. Os vizinhos foram parabenizar o senhor Wei, pois agora era um homem rico: "Que sorte, senhor Wei!" E ele respondeu: "Talvez sim, talvez não".

Poucas semanas depois, o filho do senhor Wei sofreu um acidente ao montar um cavalo. Machucou as costas e ficou acamado durante meses. Os vizinhos lhe disseram: "Que azar, senhor Wei!" E o senhor Wei respondeu, como sempre: "Talvez sim, talvez não".

Três meses depois, a China entrou em guerra com os vizinhos do Norte e o imperador ordenou o alistamento militar obrigatório de um rapaz de cada família. Todos os primogênitos da aldeia tiveram que se alistar, exceto o filho do senhor Wei, que estava doente. Os vizinhos foram cumprimentá-lo pela sorte que tivera. O senhor respondeu, como sempre: "Talvez sim, talvez não".

Através da autorreflexão, as pessoas se dão conta de que sua vida está repleta de incertezas sobre si mesmas, suas relações interpessoais e seu futuro na vida. A incerteza gera estresse e sensação de perda de controle, portanto uma forma de mitigá-la é atribuir um sentido para nossas experiências.

Uma das formas mais adaptativas de reagir ante o estresse – e que se acredita estar na base da resiliência – é o que se denominou "reavaliação positiva". Define-se como um processo de adaptação a partir do qual os processos estressantes são reavaliados como benignos, benéficos ou significativos. Tudo indica que mindfulness poderia produzir essa reavaliação positiva.

Mindfulness permitiria uma avaliação metacognitiva, livre de preconceitos e atenta à percepção, cognição e emoção, sem influência do passado e sem preocupação pelo futuro. Para compreender melhor como se dá esse processo, podemos recordar a imagem utilizada no capítulo 5: a de adestrar um "cavalo" selvagem. O cavalo representa a mente sem o treinamento da atenção; à medida que adestramos "o cavalo selvagem" (a mente) por meio do treinamento da atenção, podemos "cavalgá-lo", quer dizer, podemos observar nossos processos mentais, corporais e emocionais sem "cair" (sem ficar dominados por eles ou reagir de modo disfuncional), inclusive em momentos muito complicados, como situações de dificuldades, frustrações ou crises emocionais intensas.

O estado metacognitivo de mindfulness pode moderar os conteúdos mentais angustiantes mediante o descentramento – a ausência de apego a nossas emoções e pensamentos. Esse desapego do conteúdo dos processos mentais e centrar-se apenas no próprio processo permitem desembaraçar-nos de nossas histórias, da imagem que temos de nós mesmos e do ambiente que nos condiciona. Tudo isso nos proporciona maior flexibilidade cognitiva. Desta forma, o indivíduo não está condicionado por seu passado e pode voltar a reavaliar tudo o que lhe aconteceu de uma forma positiva. Essa avaliação positiva produzirá emoções positivas, como o amor, a compaixão ou a confiança. Essas emoções positivas também direcionarão nossa atenção para sensações e cognições positivas.

Isso se reforça com uma prática denominada "saborear": consiste em centrar a atenção conscientemente em situações agradáveis e simples, que ocorrem normalmente em nossa vida (o pôr-do-sol, uma refeição, um café com os amigos). As técnicas de "saborear" rompem a dinâmica da preocupação e a incapacidade de experimentar o prazer, que são típicas das situações de estresse crônico (qualquer doença física ou psicológica).

COMO "DESATIVAR" AS EMOÇÕES COM MINDFULNESS: INTERVENÇÕES NO INÍCIO DA PRÁTICA

Quando ainda não temos muita experiência em mindfulness, a recomendação é trabalharmos sobre as emoções por meio de seus sintomas, desmembrando seus componentes. A emoção é muito potente e nos captura porque está muito ligada ao eu. As duas formas mais simples de trabalhar com as emoções no início da prática de mindfulness seriam:

Centrar-se nos aspectos corporais da emoção (modificar o *arousal*)

Dos três fenômenos mentais básicos (sensação, pensamento e emoção), o mais fácil para se trabalhar é a sensação. Quando nos vemos tomados por uma emoção vamos deslocar o foco da atenção para as sensações (a "prática dos três minutos" pode se aplicar a essas situações). Procuraremos estar conscientes de quais alterações corporais estão sendo produzidas pela emoção: palpitações, frequência respiratória, tensão muscular, e em quais regiões do corpo. Como se aplicássemos o *body scan*, nos tornamos conscientes das regiões que estão tensas e começamos a relaxá-las. Também podemos enviar nosso afeto para essas áreas (*body scan* compassivo). Assim, poderemos modificar a emoção ao não reforçá-la, prestando atenção às sensações e "suavizando-as".

Centrar-se nos pensamentos associados (modificar a valência)

Esta aproximação é mais difícil, pois lidar com pensamentos resulta mais penoso do que com as sensações. Normalmente, constitui um passo posterior. O objetivo seria, por meio de mindfulness na respiração, observar os pensamentos e deixá-los passar. Se não há pensamentos que deem matizes às sensações corporais e orientem a uma determinada emoção, esta não se desenvolverá. Somente restarão sensações corporais – o rótulo de agradáveis ou desagradáveis é também outro pensamento –, que poderemos vivenciar como observadores, ou com as quais acabaremos nos fundindo, se forem muito intensas. Esta estratégia e a anterior não são excludentes, embora devam obedecer à sequência.

COMO "MODIFICAR" AS EMOÇÕES COM MINDFULNESS: INTERVENÇÕES QUANDO SE TEM AMPLA EXPERIÊNCIA COM A PRÁTICA

A prática de mindfulness a longo prazo permitirá lidar melhor com as emoções com base nos seguintes mecanismos:

Compaixão

O desenvolvimento progressivo da autocompaixão nos tornará mais capazes de olhar para nós mesmos, identificar nossas emoções negativas sem precisar encobri-las ou negá-las, mas aceitar que são parte de nós, mesmo sabendo que somos mais do que apenas essa emoção. A aceitação permite também a exposição à emoção negativa – um mecanismo comportamental que ajudará a reduzir sua intensidade. Além disso, a compaixão pelos outros também nos possibilita entender e enfrentar melhor os problemas interpessoais que possamos experimentar, origem frequente das emoções negativas.

Descentramento e reavaliação positiva

O descentramento, a capacidade de se relacionar com pensamentos e emoções de modo desapegado, como mero observador, é um dos mecanismos mais terapêuticos de mindfulness. É seguido da reavaliação positiva dos acontecimentos importantes que nos ocorreram, possibilitando uma interpretação enriquecedora no contexto dos valores e de um sentido da vida.

Mudança na perspectiva do eu

A maioria das emoções é produzida pela interpretação que fazemos do ambiente. Tal interpretação é gerada pelo nosso eu e consiste basicamente na história que contamos a nós mesmos sobre os eventos que ocorreram em nossa vida. Mindfulness diminui o diálogo interno, que é o mecanismo que reforça e estrutura o eu. Sem diálogo interno desenvolve-se uma enorme flexibilidade cognitiva, que nos permite avaliar o mundo de uma forma mais positiva.

PRÁTICA: MANEJO DAS EMOÇÕES TENDO AS SENSAÇÕES COMO ÂNCORA

→ Adote a postura habitual de meditação. Realize várias respirações conscientes e permaneça alguns segundos percebendo as sensações corporais, como no *body scan*.

→ Observe os conteúdos mentais e tente identificar alguma emoção. Caso nenhuma seja produzida, gere uma emoção de intensidade moderada, por exemplo, lembre-se de uma situação de dificuldade ou frustração vivida recentemente. Analise os diferentes aspectos que integram a emoção: percepções corporais, pensamentos, sentimentos e desejo de fazer algo.

→ Foque nas sensações corporais. Identifique quais mudanças corporais são produzidas e em que parte do corpo, como tensão muscular, palpitações e alterações respiratórias. Observe as regiões de tensão e tente relaxá-las.

→ Pode-se enviar sentimentos de compaixão para essas regiões específicas, como no *body scan* compassivo. Permaneça dois ou três minutos nessa prática.

→ Agora observe os pensamentos. Ancorado na respiração, analise como são produzidos e deixe-os passar, enquanto volta à respiração. Se os pensamentos o dominarem pela carga emocional, use exercícios do tipo "oi, obrigado, tchau" ou as técnicas das metáforas do lago, de estourar balões ou do espelho. Permaneça dois ou três minutos nessa prática.

→ Em seguida, observe a emoção como um todo. Veja que ela consiste em um conjunto de partes (sensações, pensamentos, emoções e conduta) que precisam ser integradas para que se manifeste. Por outro lado, como as emoções costumam ser produzidas por problemas na interação pessoal, pense na pessoa com quem você tem problemas. Pode-se dirigir a compaixão para essa pessoa e sentir que, como nós, ela experimenta sofrimentos e alegrias, grandezas e infortúnios. Esse pensamento pode ajudar a mitigar a intensidade da emoção.

→ As emoções são vividas como um dano ao nosso eu, à imagem que se tem de si. Observamos qual parte do nosso "eu" fica ferida pela circunstância que desencadeia a emoção. Note também se o "eu observador" se identifica com essa parte do eu que foi ferida na emoção, ou se pode ver o eu com descentramento. Mantenha-se assim alguns segundos.

→ Pouco a pouco, volte à respiração, sinta o corpo como um todo e comece a se movimentar lentamente, abrindo os olhos.

PONTOS-CHAVE

→ A psicologia define as emoções como uma ampla gama de fenômenos, que incluem:
- Sentimentos
- Pensamentos
- Mudanças fisiológicas e correlatos corporais
- Tendência a agir

→ As emoções se destacam porque:
- Possuem um significado
- Surgem no contexto relacional

→ As emoções são sistemas de auto-organização que tendem a se autoperpetuar.

→ Os acontecimentos da vida são estímulos ambíguos, já que podem ser interpretados de modo positivo ou negativo.

→ Ao início da prática, a forma mais simples de modular as emoções é centrando a atenção nas sensações corporais associadas à emoção. Outra maneira, um pouco mais exigente, consiste em centrar-se nos pensamentos associados.

→ Quando se tem mais experiência na prática, a forma de desativar as emoções é praticando a compaixão, o descentramento, a reavaliação positiva e a mudança que se produz na perspectiva do eu.

12
Praticar mindfulness sem praticar mindfulness. A aceitação da realidade

> *E consinto em meu morrer,*
> *com vontade prazerosa,*
> *clara e pura.*
> *Que querer homem viver,*
> *quando Deus quer que morra,*
> *é loucura.*
> *Coplas a la muerte de mi padre,* Jorge Manrique

NEM TODO MUNDO PODE OU QUER PRATICAR MINDFULNESS

Para muitas pessoas, a prática formal de mindfulness pode ser difícil devido a seu estado de saúde física ou psicológica, ou simplesmente porque não a apreciam, ou porque a rejeitam por alguma razão religiosa ou ideológica. Um dos desafios mais relevantes para os instrutores de mindfulness é encontrar técnicas psicoeducativas que permitam desenvolver a qualidade de mindfulness sem que seja necessária a prática. Desta maneira, mesmo as pessoas que não podem praticar a meditação poderiam se beneficiar. Isso também permitiria reforçar, com métodos psicoeducativos, a eficácia da prática formal e informal que se realiza de modo habitual.

A terapia dialética comportamental, uma das terapias de terceira geração baseadas em mindfulness, desenvolveu um modelo teórico-prático para facilitar a aceitação da realidade, muito adequado para utilização concomitante com a formação em mindfulness. A Tabela 1 contém um resumo dos pontos básicos desse modelo, modificado e simplificado para ser adotado nos programas de formação:

Tabela 1. Elementos básicos das técnicas de aceitação da realidade

- Aceitar a realidade da dor e a inutilidade do sofrimento.
- Conhecer a equação do sofrimento.
- Identificar o problema da resistência e do controle.
- Conhecer os possíveis estilos de enfrentamento em situações que não se pode mudar.
- Conhecer o que é aceitação radical e a ilha de dor.
- Familiarizar-se com os princípios da aceitação radical.
- Conhecer as dificuldades para a aceitação.
- Realizar algumas práticas específicas de aceitação.

ACEITAR A REALIDADE DA DOR E A INUTILIDADE DO SOFRIMENTO

Um dos ensinamentos básicos de mindfulness é a diferença entre sofrimento primário (denominado "dor" em mindfulness) e sofrimento secundário (chamado simplesmente de "sofrimento"). As diferenças são as seguintes:

Sofrimento primário (dor)

É consubstancial com a natureza humana pelo simples fato de existir e, portanto, é inevitável. Alguns dos principais sofrimentos primários são: envelhecer, adoecer, morrer, ver nossos entes queridos morrerem etc. Não podemos fazer nada para evitar esses processos, mesmo que nossa sociedade tente negá-los. Portanto, devemos aceitar que na vida existe essa dor que é inevitável.

Sofrimento secundário (sofrimento)

É produzido por nós mesmos ao pensar sobre o sofrimento primário, ao transformar a dor e não aceitá-la. É evitável e não temos por que aceitá-lo, ainda que, de forma espontânea, tendamos a produzi-lo. Exemplo: após a morte do cônjuge, podemos desenvolver pensamentos do tipo "jamais poderei ser feliz, ninguém me amará como ele, a vida não vale a pena". Com a prática regular de mindfulness pode-se identificar mais facilmente esse tipo de sofrimento e, muitas vezes, preveni-lo ou eliminá-lo.

Alguns exemplos de sofrimentos secundários:
- Lutamos contra a realidade e não queremos aceitá-la. Como no caso de sermos diagnosticados com uma doença grave e buscarmos compulsivamente opiniões de outros profissionais para confirmar que é um erro.
- Buscamos a culpa em nós mesmos ou em outras pessoas por acontecimentos que são parte da natureza. Por exemplo, diante da morte de um ente querido nos culpamos por não ter estado presentes ou buscamos responsabilizar setores administrativos ou outras pessoas, em situações inevitáveis.
- Antecipamos o futuro. Sofremos ao pensar em como será nosso futuro sem essa pessoa que nos falta, acreditando que nunca poderemos ser felizes sem ela.

Resumindo, há uma certa parcela de dor na vida, ligada à existência humana, que vamos ter que experimentar. Por outro lado, há uma quantidade maior de sofrimento ligada a nossas expectativas pouco realistas sobre o mundo, que podemos evitar.

A PARÁBOLA DAS DUAS FLECHAS

É uma parábola budista tradicional, que descreve os sofrimentos primário e secundário, e é muito utilizada em mindfulness.

A primeira flecha é o sofrimento primário, inevitável. Está relacionado à perda, à morte, à doença. A segunda flecha é o sofrimento secundário, desnecessário, relacionado à nossa luta contra o que acontece conosco, à não aceitação da realidade. O maior sofrimento é produzido pela segunda flecha.

PARÁBOLA DA SEMENTE DE GERGELIM

É outra parábola budista clássica, que descreve a universalidade do sofrimento. Diz o seguinte:

"O Buda estava ensinando em um aldeia quando dele se aproximou uma mãe desesperada, que havia perdido um filho recentemente. Pediu-lhe algo para aliviar sua dor. O Buda pediu-lhe para que lhe trouxesse uma semente de gergelim (algo muito comum na Índia daquela época, o equivalente, nos dias atuais, a nos pedir para trazer um pedaço de pão) de alguma casa onde nenhum familiar tivesse morrido nos últimos anos. Algum tempo depois, a mulher voltou sem trazer a semente de gergelim. Não havia encontrado uma família sequer na qual ninguém tivesse falecido nos últimos anos. A mulher entendeu a mensagem: o sofrimento é universal e inerente à natureza humana. E mudou sua atitude.

A EQUAÇÃO DO SOFRIMENTO

Como surge o sofrimento? Ao resistirmos à dor, que é inevitável. A equação do sofrimento é a seguinte:

> Dor x Resistência (ou não aceitação) = Sofrimento

Vejamos um exemplo: a mesma intensidade de dor (nível 8 em uma escala de 0 a 10) quase não gera sofrimento quando produzida por nosso dentista, já que a aceitação é total. Porém, se esse mesmo nível de dor é produzido por um assaltante que entrou em nossa casa e está nos torturando para dizermos onde está o dinheiro (aceitação nula, com o máximo de resistência), o sofrimento será máximo. Em ambos os casos, a dor objetiva é a mesma (8/10), mas o sofrimento é infinitamente maior quando produzido pelo assaltante.

> **DENTISTA:**
> Dor (8/10) x Resistência (1/10) = Sofrimento (8/100)

> **ASSALTANTE:**
> Dor (8/10) x Resistência (10/10) = Sofrimento (80/100)

O PROBLEMA DA RESISTÊNCIA E DO CONTROLE

Por que surge o sofrimento, ou seja, por que resistimos? Porque não aceitamos a realidade e tentamos controlá-la. Dos múltiplos problemas que surgem diariamente em nossa vida, alguns são mais controláveis que outros. A Tabela 2 contém um resumo de alguns exemplos de problemas e seu nível de controle:

Tabela 2. Exemplos de problemas e nível de controle (o nível de controle percebido pode variar entre indivíduos)		
PROBLEMAS FACILMENTE CONTROLÁVEIS	PROBLEMAS DE DIFICULDADE INTERMEDIÁRIA PARA CONTROLAR	PROBLEMAS DE DIFÍCIL CONTROLE
Perder o ônibus	Desemprego	Uma doença incurável
Manchar a roupa	Perda total de um automóvel	O jeito de ser dos meus pais ou do meu chefe
Esquecer o aniversário de um amigo	Reprovação em um exame vestibular	Falência total e confisco salarial

Quando os problemas não são relevantes, o fato de tê-los sob controle não nos importa muito. Porém, quando os problemas são centrais em nossa vida e não temos controle sobre eles (por exemplo, sermos abandonados, de maneira definitiva, pelo cônjuge/companheiro), resistimos e tentamos mudar a realidade, ainda que seja impossível.

ESTILOS DE ENFRENTAMENTO EM SITUAÇÕES QUE NÃO PODEMOS CONTROLAR

O momento mais difícil para nós seres humanos ocorre quando nos deparamos com situações que consideramos muito importantes, mas não temos a capacidade ou o controle para mudá-las. Por exemplo: ter uma doença terminal, a morte de uma pessoa muito querida, o modo de ser dos meus pais ou do meu chefe.

Em situações como essas, as pessoas tendem a responder de três formas diferentes, que se relacionam com sua percepção do controle. Seguem abaixo:

Resignação

Consiste em não fazer nada ou quase nada em relação ao problema, adotando uma atitude passiva. O indivíduo nega que tenha alguma capacidade de controle e se abandona à sorte. Pensa que tem menos controle do que realmente tem. Costuma dizer frases como: "Que vamos fazer?", "É assim mesmo", "Não há o que fazer".

Confronto irracional

Trata-se de uma atitude de negação do problema e/ou uma tentativa exagerada e desesperada de solucioná-lo, sem levar em conta a verdadeira eficácia de nossas ações. É uma atitude ativa, mas não eficaz, pois o indivíduo acredita ter mais controle do que realmente tem. Caracteriza-se por frases do tipo: "Não pode ser", "Isso não pode estar acontecendo comigo", "Não acredito", "Encontrarei uma solução, custe o que custar", "Querer é poder".

Aceitação da realidade

Consiste em admitir que o sofrimento faz parte da vida e deixar de lutar contra a realidade que foge ao nosso controle; tolerar da maneira mais efetiva possível o problema, agindo apenas no que possa ser útil. É uma atitude ativa e efetiva. O indivíduo é consciente da parcela de controle que tem sobre o problema e não age nem mais (confronto irracional) nem menos (resignação).

Diante das situações difíceis da vida, devemos sempre estar conscientes de qual das três atitudes estamos tomando.

A ACEITAÇÃO RADICAL DO SOFRIMENTO

EXERCÍCIO

Feche os olhos e pense em algo ou em alguém muito querido que você perdeu, ou em algo que você sempre desejou muito mas nunca conseguiu.
Como se sente?
Como sente seu corpo?

Quais as características da aceitação radical?

Finaliza a luta com a realidade

Consiste em assumir que nunca se terá esse objeto. É observada quando:

Soltamos o objeto
Conseguimos pensar no objeto perdido sem raiva, sem tensão.

Soltamos o corpo
O corpo não fica tenso ao pensarmos no objeto, aceitamos a realidade. Se há tensão corporal, não houve aceitação. Esse é o melhor indicador.

Tristeza

Assumir que você nunca terá esse objeto implica um luto, que está necessariamente associado à tristeza. Não pode haver aceitação sem tristeza. Se não há tristeza, é que ainda há esperança de consegui-lo e portanto não se fez o luto.

A ILHA DE DOR

É uma metáfora que pretende representar a dor que teremos que sofrer ao longo da vida. Todos temos problemas que nos causam dor e diante dos quais pouco ou nada podemos fazer: são nossa ilha de dor. A ilha de dor é diferente em sua forma para cada pessoa – algumas são mais alongadas, outras menos, mas normalmente têm o mesmo tamanho ou volume para todas as pessoas.

O que realmente diferencia a dor que se experimenta ante sua ilha de dor é o tamanho do mar que a rodeia. E este é o mar do sofrimento. Não aceitar a existência de minha ilha de dor, lutar contra ela, determina o tamanho desse mar. Por isso, há pessoas com ilhas muito similares, rodeadas por mares muito diferentes. Depende de nós ficarmos apenas com essa ilha ou aumentá-la, pois há coisas que não podemos aceitar e contra as quais lutamos, produzindo ainda mais sofrimento para nós mesmos.

EXERCÍCIO: DESENHE SUA ILHA DE DOR

Um exercício interessante é desenhar como é nossa ilha de dor, na atualidade, e que áreas distintas tem. E até que ponto temos aceitado o sofrimento de nossa ilha.

PRINCÍPIOS DA ACEITAÇÃO RADICAL

O objetivo seria aceitar a realidade completa e totalmente, deixar de lutar contra a realidade. Aceitar é o único modo de converter o sofrimento insuportável em uma dor que possa ser tolerada. Os princípios da aceitação da realidade são:

A realidade é como é. Não poderia ser de outra maneira. Além disso, "tudo é perfeito tal como é".

- As leis do universo são as que são e não mudam de acordo com nossa vontade.
- O fato de que algo não me agrade não significa que tenha que ser diferente.

Cada acontecimento tem uma causa. O fato de desconhecermos as causas não quer dizer que elas não existam.

Pensar em termos de que "cada coisa é como deve ser" significa ACEITAR. Pensar "as coisas não são como deveriam ser" é NÃO ACEITAR. O universo não tem uma forma especial de como deveria ser. Além disso, o que agrada a algumas pessoas não agrada a outras. Essa é a quintessência da filosofia oriental e a antítese do pensamento ocidental.

Outro pensamento que gera grande sofrimento é acreditar que, quando alguém se comporta de um modo que desaprovamos ou que nos prejudica, tal comportamento é voluntário, proposital.

> **EXERCÍCIO:** REFLEXÃO SOBRE A INTENCIONALIDADE DA CONDUTA DOS OUTROS
>
> - Quando uma pessoa nos prejudica, nos sentimos injustiçados e passamos a odiá-la. No entanto, se nos prejudicamos por causas naturais (um desmoronamento, por exemplo), esse fenômeno tem muito menos impacto psicológico sobre nós.
> - Psiquiatras como Freud já falavam, há muitas décadas, que "a biografia é o destino". As circunstâncias vividas por um indivíduo influenciam significativamente todas as suas ações. Quando pensamos que agiríamos de um modo bem diferente (e, obviamente, melhor) do que a pessoa que estamos julgando, deveríamos entender que, se nossa história de vida tivesse sido a mesma, certamente estaríamos fazendo o mesmo.
> - Os cientistas comportamentais da atualidade desenvolveram a equação abaixo, que resume as causas do comportamento humano:
>
> CONDUTA
> genética + fisiologia +
> história de aprendizagem + situação
>
> Ou seja, com a bagagem genético-biológica e educacional, em uma determinada situação, nosso comportamento é absolutamente previsível. Se pudermos assumir que alguém que nos prejudica não tem escapatória, não pôde agir de outra maneira, o sofrimento produzido por suas ações será menor. Obviamente, esta forma de pensar não exclui que todo o peso da lei caia sobre essa pessoa. Estamos falando de nossas emoções, que é o que nos fere.

A vida vale a pena viver, ainda que tenhamos que experimentar dor

A vida é um milagre que vale a pena viver, mesmo tendo certeza de que haverá momentos de dor pelo simples fato de estarmos vivos.

DIFICULDADES PARA A ACEITAÇÃO RADICAL

A muitas pessoas, a simples ideia de aceitação da realidade causa aversão. Estas são as principais razões:

A aceitação parece implicar aprovação ou indicar que não queremos mudar nada

Aceitar a realidade que está ocorrendo neste momento (por exemplo, perdermos o emprego) não é um sinal de aprovação. Certamente acharemos injusto termos sido despedidos.

Também não significa que não queremos fazer nada a respeito. Procuraremos um novo emprego ou faremos uma denúncia ao Tribunal Trabalhista, se há base legal para isso. Aceitar significa fazermos todo o possível para mudar a situação, porém assumindo que a realidade é assim, sem resistir.

Quanto maior a dor, maior a dificuldade de aceitação

Quanto mais importante é para nós, e mais dor nos provoca o problema (a morte de um filho, por exemplo), mais difícil é a aceitação. E não é apenas isso: aceitar pode parecer falta de amor pela pessoa. Muitas vezes a aceitação pode gerar sentimentos de culpa, quando não entendemos bem o conceito, e esta é a origem de muitos lutos crônicos.

Sempre acreditamos que temos algum controle da situação

Este é o principal problema: resistimos a assumir que muitas das coisas que acontecem na vida escapam ao nosso controle. Além disso, de acordo com o pensamento ocidental, o ser humano pode modificar qualquer aspecto ao seu redor (ao contrário do que se observa no pensamento oriental). Essa filosofia permitiu aos ocidentais o desenvolvimento da tecnologia e o controle do mundo externo. No entanto, não contribuiu para que fossem mais felizes.

As pessoas sempre têm a opção de se comportar de outra maneira (liberdade de escolha)

Já comentamos que quando uma pessoa se comporta de uma determinada maneira, o faz levada por suas circunstâncias genéticas e educacionais e que, nessa situação tem pouca capacidade de escolha, segundo confirmam os estudos atuais.

Há uma série de práticas específicas de aceitação. O quadro a seguir resume algumas das mais eficazes:

ALGUMAS PRÁTICAS ESPECÍFICAS DE ACEITAÇÃO

→ **Só é necessário tolerar mais um minuto**

Quando sentir dor, tente viver apenas este momento, só esta respiração, só esta inspiração, só esta expiração. Só agora, diga a si mesmo "só esta", enquanto inspira, e "respiração", enquanto expira. Só esta respiração. Só uma inspiração. Só um momento.

Esta é uma prática muito eficaz quando temos que enfrentar algum tipo de mal-estar. Muitos estudos demonstram que a mente não consegue suportar o mal-estar se acreditar que ele durará minutos ou horas. Porém, se pensar que só levará alguns segundos, poderá suportar quase qualquer intensidade de dor. Uma prática interessante para aumentar nossa aceitação é dizermos (quando chegarmos ao final da meditação ou de qualquer atividade que tenha sido difícil), "Vou ficar mais um minuto".

→ Tudo é perfeito tal como é
Esta prática está desenhada para aumentar a aceitação radical, sobretudo o primeiro ponto. A ideia é adotar uma postura confortável. Com a planta dos pés no chão, mantenha as costas relativamente eretas e posicione a cabeça comodamente em relação aos ombros. Relaxe suavemente o rosto. Mantenha os olhos abertos e comece a se concentrar na respiração. Ao inspirar, pense: "Tudo é perfeito" e, ao expirar, pense: "tal como é". Dentro "tudo é perfeito" – fora "tal como é". Se começar a pensar "Isso não é verdade", lembre-se de que é apenas um pensamento – deixe que entre e saia naturalmente. É apenas um pensamento. Tenha presente a causalidade, tenha presente as leis do universo. Inspire "tudo é perfeito" – expire "tal como é".
O objetivo é familiarizar-se com o princípio básico da aceitação radical e poder aceitar, psicológica e corporalmente, os acontecimentos que sucedem.

→ **Sinta a conexão com o universo**
Isto pode ser praticado em qualquer momento ou lugar. Foque a atenção nas partes de seu corpo em contato com o chão, o ar, uma cadeira, lençóis, roupas etc. Tente sentir todos os pontos de contato com esses elementos. Considere a função de cada elemento em relação a você. Considere o que o elemento faz por você, como o ajuda ao fazer o que faz, em sua amabilidade ao fazê-lo. Experimente a sensação de tocar o elemento e focalize a atenção nessa amabilidade até surgir uma sensação de conexão, de ser querido pelo elemento.

Exemplos:
• Concentre a atenção nos pés em contato com o chão. Pense na amabilidade da Terra por nos sustentar, por nos proporcionar um caminho para irmos de um lugar a outro.
• Concentre-se no contato do corpo com a cadeira. Pense que a cadeira o aceita totalmente, sustentando suas costas, permitindo que você descanse e evitando que caia no chão.
• Detenha a atenção nos lençóis que cobrem a cama. Concentre-se no contato dos lençóis com o corpo, que o cobrem e o mantêm aquecido e confortável.
• Olhe com atenção para as paredes que cercam a sala, protegendo-o do ambiente externo, evitando que sinta frio ou que se molhe com a chuva. Pense como as paredes estão conectadas com o solo e com o ar da sala. Perceba a conexão entre você e as paredes que o protegem, mediante o chão, mediante o ar.
• Abrace uma árvore. Pense na conexão que há entre a árvore e você. Ambos vivos, ambos recebendo a energia do sol, o oxigênio do ar e o sustento da terra. Perceba como a árvore nos ama, como nos proporciona um lugar para nos apoiar e descansar ao frescor de sua sombra.

PONTOS-CHAVE

→ Na vida há uma certa parcela de dor ligada à existência humana que vamos ter que experimentar. No entanto, há uma quantidade muito maior de sofrimento, ligada a nossas expectativas pouco realistas sobre o mundo, que podemos evitar.

→ A equação do sofrimento é a seguinte:

> Dor x Resistência (ou não aceitação) = Sofrimento

→ Por que surge o sofrimento, ou seja, por que resistimos a ele? Porque não aceitamos a realidade e tentamos controlá-la.

→ A aceitação da realidade consiste em admitir que o sofrimento faz parte da vida e deixar de lutar contra a realidade que não podemos controlar, agindo somente no que possa ser útil. O indivíduo é consciente da parcela de controle que tem sobre o problema e não age nem mais (confronto irracional) nem menos (resignação) do que o necessário.

→ Um dos princípios básicos da aceitação radical é "A realidade é como é. Não poderia ser de outra maneira". Além disso, "tudo é perfeito tal como é".

→ A principal razão para não aceitarmos a realidade é a ideia de que aceitação implicaria aprovação ou indicaria que não queremos mudar nada.

13
Como mindfulness atua?

> *A vida é o que nos acontece*
> *enquanto pensamos em outra coisa.*
> John Lennon

Neste capítulo descreveremos os mecanismos que permitem que mindfulness melhore o bem-estar psicológico e possa ser curativa em diferentes doenças físicas e psicológicas, além de modificar a estrutura cerebral das pessoas que meditam. Para isso, resumiremos aquelas causas propostas inicialmente da eficácia de mindfulness e, em seguida, analisaremos um dos modelos explicativos atuais da sua ação e que nos parecem mais completos.

MECANISMOS EXPLICATIVOS DA AÇÃO DE MINDFULNESS PROPOSTOS INICIALMENTE

Na década de 1990, quando surgiram as primeiras pesquisas científicas sobre mindfulness, foram descritas uma série de razões que pretendiam identificar as causas da eficácia de mindfulness.

Trata-se de mecanismos intuitivos, fruto da introspecção dos praticantes. Por isso, muitos meditadores que começam a praticar diariamente identificarão alguns dos fatores que produzem bem-estar em mindfulness:

Relaxamento

A prática de qualquer tipo de meditação, ao trabalhar com a observação da respiração e do corpo, ao tentar promover o desapego dos conteúdos mentais e favorecer a quietude, facilita o relaxamento. Este é o mecanismo de ação da meditação mais evidente desde o princípio e também o mais simples. Entretanto, é o menos eficaz e o que promove menos mudanças no indivíduo. Tanto a meditação como o relaxamento atuam sobre o sistema vegetativo, diminuindo a frequência cardíaca e respiratória, bem como a pressão arterial. Também atuam sobre o sistema muscular estriado, produzindo relaxamento muscular.

A principal diferença entre relaxamento e meditação é que esta trabalha sobre os conteúdos mentais e pode fazer com que situações inicialmente estressantes não o sejam. O relaxamento, no entanto, somente atua sobre as consequências do estresse a nível corporal, mas não sobre os pensamentos e as emoções; com o relaxamento as situações continuam sendo estressantes no nível mental, porém se evita o impacto do estresse nos níveis vegetativo e muscular.

Mecanismos espirituais

A espiritualidade é entendida, no sentido amplo, como a sensação de conexão com a humanidade e o cosmos, e a preocupação com a transcendência de nossos atos, e não como a adesão a uma determinada religião. Essa espiritualidade costuma estar associada à prática de mindfulness. Às vezes é um dos motivos para se começar a praticar, embora frequentemente seja uma consequência de mindfulness, que surge ao nos fazermos mais conscientes do funcionamento de nossa própria mente. Essa conexão espiritual ajuda a que o indivíduo seja mais coerente com seus valores, a identificar melhor o sentido de sua vida e poder desfrutar mais das pequenas coisas da existência.

A espiritualidade é um dos fatores mais correlacionados ao bem-estar psicológico do indivíduo, quer ele pratique ou não mindfulness.

Auto-hipnose

Este mecanismo pode aparecer em práticas meditativas com sons repetitivos, como os mantras, mas é menos frequente em mindfulness e na meditação tradicional focada na respiração ou no corpo. Qualquer som ou prática repetitiva pode induzir um estado de consciência alterado, com diminuição dos conteúdos mentais, e que se experimenta como relaxamento e bem-estar, sobretudo durante a prática.

MODELOS EXPLICATIVOS ATUAIS DA AÇÃO DE MINDFULNESS

Existem vários modelos recentes e muito consistentes que tentam explicar o mecanismo de ação de mindfulness por meio de diferentes métodos de estudo. Foi elaborado um interessante modelo (58) sobre como a terapia cognitiva baseada em mindfulness (MBCT, na sigla em inglês) atua na depressão. Outros autores (12, 30, 50) desenvolveram modelos explicativos de mindfulness em indivíduos saudáveis. Por último, nosso próprio grupo identificou também um modelo explicativo de grande coerência teórica e bem sustentado em termos psicométricos. Em seguida, tentaremos resumir alguns dos principais mecanismos implicados na eficácia de mindfulness, com base nesses modelos.

Na tabela a seguir, podemos ver os mecanismos de ação de mindfulness relacionados ao ensinamento que a desenvolve.

Tabela 1. Mecanismo de atuação de mindfulness segundo Holzel (30)	
MECANISMO DE AÇÃO	ENSINAMENTO QUE DESENVOLVE MINDFULNESS
Aumento da atenção	– Instrução básica
Aumento da consciência corporal	– Foco nas experiências e sensações corporais
Regulação das emoções	– Identificação dos conteúdos mentais – Ausência de julgamento – Aceitação da realidade (exposição ao que ocorre no presente) – Não reatividade
Desenvolvimento do insight metacognitivo	– Desidentificação dos conteúdos mentais
Mudança na perspectiva do "eu"	– Desaparecimento do diálogo interno

Aumento da atenção

Seguramente, o aspecto que melhor define o estilo de vida ocidental é a desatenção, a incapacidade de estar onde se está, sem pensar em outra coisa. A mudança mais evidente no início da prática é o aumento da capacidade de atenção e sua regulação. Podemos ficar mais tempo atentos ao que fazemos, sem pensar em outros temas, tornando-nos mais conscientes de nossas ações, pensamentos e sentimentos. De fato, os primeiros questionários para medir mindfulness, como o MAAS [Mindful Attention Awareness Scale], aferiam principalmente a atenção. Como se desenvolve a atenção? A instrução básica, a norma fundamental utilizada em mindfulness e oriunda da tradição meditativa budista é:

- Ancore sua atenção em um ponto, habitualmente a respiração ou o corpo.
- Ao observar que sua atenção abandonou o ponto de ancoragem, volte a ele com amabilidade. Esse movimento contínuo de nos tornarmos conscientes de que perdemos a atenção e voltar ao ponto de ancoragem é o que desenvolve essa qualidade.

Aumento da consciência corporal

Outra das características do Ocidente, desde a época de Descartes, é a separação radical entre mente e corpo em nossa cultura e a predominância do mental ou cognitivo. Esse divórcio não ocorre em outras culturas (por exemplo, as orientais), que desenvolveram o que chamamos atualmente técnicas de mente-corpo: yoga, taichi, chi kung, artes marciais etc. Nessas técnicas, é inimaginável pensar que o mental seja mais importante que o corporal e aceita-se que a retroalimentação contínua entre ambos é o que fundamenta a saúde física e psicológica. A ideia de que o corpo pode ajudar a curar a mente é estranha na tradição ocidental, e no entanto é um conceito-chave na meditação. Em nossa cultura, o máximo que se aceita é que a mente pode adoecer o corpo, o que constitui o fundamento da medicina psicossomática.

Como se desenvolve a consciência corporal? Mindfulness possui práticas que facilitam especificamente este tema, como o *body scan*, mindfulness andando e mindfulness em movimento. Entretanto, mesmo na prática de mindfulness na respiração – a prática meditativa por excelência –, o aspecto corporal é chave, já que a respiração é uma das principais funções corporais. A instrução é que a respiração deve ser sentida corporalmente, percebendo as mudanças nas sensações do corpo produzidas a cada respiração. Além disso, mindfulness enfatiza situar sempre a atenção no presente, e os únicos fenômenos que se situam sempre no presente são o corpo e os sentidos. Os pensamentos e as emoções estão em geral no passado e no futuro, e só excepcionalmente no presente.

Regulação das emoções

Este é um dos fenômenos produzidos por mindfulness que geram mais mudanças na vida de um indivíduo. Em vez de sucumbir e ser tomado pelas emoções, o praticante de mindfulness é capaz de identificá-las, observá-las, aceitar que existam (sobretudo emoções negativas), não as negar, mas experimentá-las, e não reagir de modo automático a elas, mas decidir conscientemente como agir. Como podemos ver, é algo muito diferente da crítica com frequência feita aos meditadores no sentido de que não teriam emoções. Isso não é verdade. O que os estudos indicam, e se experimenta com a prática, é que os meditadores percebem as emoções com a mesma intensidade que os indivíduos que não meditam, porém com a seguinte diferença:

– Não reagem a elas de maneira imediata e inconsciente, mas sim podem processar as emoções de modo voluntário.

– Não permanecem tomados por elas durante minutos ou horas. Em vez disso, em pouco tempo podem focar a atenção em outro objeto.

Como desenvolver a regulação das emoções? Isso implica vários mecanismos, que atuam de forma progressiva. Os principais são:

Identificação dos conteúdos mentais

Nas fases iniciais de mindfulness na respiração, quando a atenção perde o objeto de ancoragem devido ao surgimento de outros fenômenos mentais, recomenda-se rotular o fenômeno, nomeando-o (por exemplo: sensação auditiva, pensamento sobre o futuro, emoção de raiva). As emoções são o fenômeno mental ao qual mais nos apegamos e o mais difícil de nomear. A prática de rotular os conteúdos mentais (que com o passar do tempo pode-se deixar de fazer) permite nomear a emoção com exatidão, em vez de senti-la como algo confuso, difícil de identificar.

Ausência de julgamento

"Rotular" em mindfulness significa identificar o tipo de conteúdo mental, atribuindo-lhe um nome, mas em hipótese alguma implica um juízo de valor, do tipo agradável/desagradável, ou gosto/não gosto. Não julgar impede o surgimento de apego ou aversão ao conteúdo mental (neste caso, a emoção). Assim, não tendemos a rejeitar as emoções negativas nem a nos apegar às positivas, como fazemos de maneira habitual.

Aceitação da realidade

Quando não julgamos aquilo que ocorre conosco (neste caso, os conteúdos mentais), a realidade não é boa nem má, portanto é fácil aceitá-la. Ao aceitarmos a emoção que sentimos (por mais "negativa" que seja), não fugiremos dela nem a negaremos; em vez disso, a experimentamos completamente. Evitar o que consideramos negativo é o que se denomina – nas psicoterapias de terceira geração, como a de aceitação e compromisso – "transtorno de evitação experiencial". Evitar o que consideramos negativo reforça o sintoma e faz com que fujamos cada vez mais dessas sensações e de tudo que possa nos parecer desagradável.

Entretanto, a prática de mindfulness nos permite viver em profundidade a raiva, a tristeza ou qualquer outra emoção aparentemente desagradável. Descobriremos que não são emoções tão terríveis e, assim como nos tratamentos de exposição em casos de fobia, expor e experimentar essas emoções negativas farão com que percam a força.

Não reatividade

Ao não classificar as emoções como boas ou más, podemos aceitá-las e experimentá-las por completo e, portanto, não precisaremos reagir a elas. Agiremos do modo que considerarmos oportuno, não como uma consequência direta da emoção, mas como um processo de reflexão consciente.

Desenvolvimento do insight metacognitivo

Nossa mente está sempre pensando e sentindo, e nós nos identificamos com esses pensamentos e sentimentos com a maior naturalidade. Sempre fizemos isso e consideramos que não há outra forma de funcionar. Em geral, mindfulness e meditação divergem dessa visão e sustentam que o funcionamento da mente humana pode ser entendido e modificado. A metacognição descreve o conhecimento utilizado para entender os processos cognitivos e os mecanismos para mudá-los. Poderia definir-se de forma simples como "pensar sobre nosso pensamento" ou "analisar como funciona nosso pensamento".

Terapias muito eficazes, como a cognitiva, assumem que os pensamentos são a origem de nossas emoções. Portanto, se gerarmos pensamentos negativos nossas emoções também serão negativas. Assim, a proposta é identificar esses pensamentos e refutá-los, de modo que o pensamento negativo (geralmente distorcido) possa transformar-se em um pensamento realista e mais positivo.

No entanto, mindfulness e as terapias de terceira geração defendem que o importante não é tanto que o conteúdo do pensamento seja positivo ou negativo, mas o modo como nos relacionamos com ele – se acreditamos ou não nesses pensamentos, se deixamos que nos influenciem ou não. Se pensarmos que esses pensamentos e sentimentos são a realidade, nos produzirão um grande sofrimento. Por outro lado, se tomarmos consciência de que esses pensamentos são simples acontecimentos mentais que não necessariamente têm a ver com a realidade, sua influência será mínima.

Na Tabela 2 resumimos algumas das principais ideias sobre metacognição (a forma de funcionar de nossa mente) advindas da tradição budista e consideradas especialmente valiosas para a prática de mindfulness. Essa tabela também nos mostra que a atividade cognitiva pode ter um valor de aprendizagem e autoconhecimento.

Tabela 2. Ideias básicas sobre metacognição úteis em mindfulness (59)

OS FENÔMENOS COGNITIVOS SÃO INEVITÁVEIS

Assim como o ouvido está sempre ouvindo sons ou o olho aberto enxergando formas e cores, a mente está sempre pensando e gerando emoções, uma vez que esta é sua natureza intrínseca. Não podemos esperar mudar isso, mas podemos sim nos converter em observadores da mente, evitando, portanto, fornecer material para esse seu "jogo" e ficar enredados nele, já que consiste na origem do nosso sofrimento.

O INÍCIO DA ATIVIDADE COGNITIVA ESTÁ FORA DE NOSSO CONTROLE

A mente gera pensamentos por si só, de maneira espontânea, contínua. Estima-se que o período em que voluntariamente produzimos pensamentos específicos (quando temos que realizar uma tarefa ou planejar algo concreto) corresponde a menos de 10% do total de nossa atividade mental. Durante o resto do tempo, a mente gera ideias ou pensamentos baseados em experiências do passado, em fenômenos subconscientes ou em interpretações do ambiente.

OS FENÔMENOS COGNITIVOS NÃO SÃO VERÍDICOS

O que pensamos não é a realidade externa, não é o que ocorre. Se pensamos que somos "inúteis", não quer dizer que o sejamos. Se pensamos que o mundo é "horrível", ou que tal pessoa é "malvada", não quer dizer que seja assim, pois muitas outras pessoas têm uma visão diferente. Se pudermos separar a realidade, e os nossos pensamentos, não agiremos com base na informação errônea que nos traz a nossa mente.

OS FENÔMENOS COGNITIVOS SÃO IMPERMANENTES

Qualquer fenômeno mental, se não o potenciarmos (pensando sobre ele, ou rejeitando-o) e simplesmente o observarmos de forma desapaixonada, como um fenômeno externo que pertence a outra pessoa, vai desaparecer. Este é o grande segredo de mindfulness e da meditação em geral: qualquer pensamento ou emoção, independente de seu conteúdo e por mais terrível que pareça, acaba por desaparecer de modo espontâneo em pouco tempo. Portanto, qual a necessidade de trocá-lo por outro mais positivo? Para que queremos saber como se origina esse pensamento concreto? O objetivo de mindfulness é conhecer como os pensamentos em geral são produzidos e esperar que desapareçam sem deixar-se agarrar por eles.

OS ESTADOS COGNITIVOS CARECEM DE POTÊNCIA INERENTE
Pensar algo não implica que vá acontecer. Uma das características do pensamento pré-racional ou "mágico" é considerar que com o pensamento podemos mudar a realidade. Por exemplo, há pessoas que temem que algo de mal aconteça a um familiar e pensam que a única forma de evitá-lo é não pensar nisso ou "ruminar" continuamente que nada lhe acontecerá. Deve-se ter claro que o que lhe acontece é absolutamente independente do que pensarmos, e que nunca nosso pensamento, por si só, poderá mudar a realidade. Há uma grande aceitação no Ocidente de que podemos mudar o ambiente somente pensando (não fazendo) e isso favorece a confusão entre pensamento e realidade.

TODA ATIVIDADE COGNITIVA PODE TER UM VALOR DE APRENDIZADO E AUTOCONHECIMENTO
Observar nossos pensamentos e emoções pode ser muito útil para nosso autoconhecimento. Não tanto para saber como esses pensamentos se produziram, processo habitual na psicanálise ou em outras terapias analíticas, que sempre nos levam à infância ou a experiências passadas, mas para conhecer melhor como atua nossa mente: como geramos pensamentos e emoções, como nos deixamos agarrar por eles e a partir dos quais agimos por acreditar que são a verdade. Aprender a "nos separar", a "não nos identificar" com nossos pensamentos é a chave.

Como se desenvolve o insight metacognitivo? A chave é a desidentificação dos conteúdos mentais – rotulá-los e deixá-los ir. Assim, passamos da condição de ficar enredados em nossos conteúdos mentais (principalmente pensamentos e emoções) à de estar atentos ao processo de pensamento. Desta forma, observamos como esses conteúdos estão continuamente aparecendo e desaparecendo, como se fossem um carrossel interminável. Porém os conteúdos nos são indiferentes, pois independentemente de quais sejam, vão desaparecer de forma inexorável.

Mudança na perspectiva do eu

Todos temos uma ideia muito estruturada de como somos. Ao longo de nossas vidas passamos por uma série de situações e tentamos entender suas causas e consequências, atribuindo sentido a tudo que aconteceu conosco. A esse relato explicativo de nossa história denominamos biografia. O diálogo interno (essa conversa ininterrupta que mantemos conosco mesmos e que avalia e comenta tudo o que se passa) atualiza e reforça de maneira contínua nossa ideia de como somos.

Por isso, quando enfrentamos novas situações, praticamente sabemos o que vai acontecer, pois nos baseamos em tudo o que ocorreu conosco antes. Em psicologia, esse fenômeno se denomina "profecia autocumprida", ou seja, o que pensamos que nos acontecerá (com base em nossa experiência biográfica) é geralmente o que nos acontece.

Contudo, nossa biografia não é o que aconteceu conosco, mas sim nossa interpretação do ocorrido. Não é a mesma coisa. De fato, em qualquer psicoterapia, o que tenta o terapeuta é "reescrever" a biografia da pessoa de um modo mais objetivo e menos negativo para elas.

Na Tabela 3 temos um exemplo dessa diferença. Na coluna central relata-se os fatos despidos de interpretação, do que ocorreu a essa pessoa. Na coluna à direita da tabela, os mesmos fatos estão interpretados e, além disso, a explicação de uns e outros está concatenada, oferecendo um fio de continuidade à biografia. A diferença é que uma biografia "não interpretada", como a da coluna intermediária, não implica que o indivíduo seja de uma determinada forma e não pressupõe o que lhe acontecerá no futuro. Ao contrário, uma biografia "interpretada" – como costumam ser as nossas e como a exemplificada no lado direito – implica que temos uma forma de ser muito determinada e difícil de modificar, uma vez que nosso futuro estaria bem pré-determinado por essa forma de ser.

Tabela 3. Diferença entre acontecimentos biográficos objetivos e a autobiografia que construímos de nós mesmos (mesclada com emoções e interpretações sobre os fatos).

IDADE	ACONTECIMENTOS BIOGRÁFICOS (fatos despidos de interpretação)	AUTOBIOGRAFIA (fatos interpretados)*
4 anos	Meu pai saiu de casa.	Meu pai saiu de casa *porque nunca me amou*.
Período escolar	Baixo desempenho acadêmico.	Baixo desempenho acadêmico *devido à baixa autoestima (porque ninguém me queria quando eu era pequeno)*.

*Em itálico temos a interpretação do que aconteceu conosco. Não é a realidade, mas uma interpretação dela. Poderíamos ter outras interpretações: "Meu pai saiu de casa porque queria o melhor para minha mãe e para mim, mas não teve sorte. Mas sei que nos amava muito". Cada interpretação gera novas interpretações concatenadas, estruturando nosso eu e predizendo nosso futuro (profecia autocumprida).

15 anos	Larguei os estudos.	Larguei os estudos *porque pensava que eu não prestava para nada (devido à baixa autoestima).*
Idade adulta	Mudei de emprego muitas vezes.	Mudei de emprego muitas vezes *porque sou incapaz de fazer algo direito (devido à baixa autoestima).*
Idade adulta	Tive muitos relacionamentos.	Tive muitos relacionamentos *porque tenho dificuldade em gostar de alguém (porque ninguém gostou de mim).*
CONSEQUÊNCIAS PARA A VIDA FUTURA	É um conjunto de acontecimentos não necessariamente relacionados e que não predizem como será o futuro.	Tudo o que ocorreu em minha vida aconteceu *porque meu pai me abandonou.* Minha vida futura será um fracasso.

Sobre esses mesmos fatos, uma outra pessoa (ou a mesma pessoa, após um processo de psicoterapia) poderia fazer uma interpretação completamente distinta. Por exemplo:

IDADE	ACONTECIMENTOS BIOGRÁFICOS (fatos objetivos)	AUTOBIOGRAFIA (fatos interpretados)
4 anos	Meu pai saiu de casa.	Meu pai saiu de casa *porque naquele momento não estava preparado para outra coisa, mas com certeza me amava a seu modo.*
Período escolar	Baixo desempenho acadêmico.	Baixo desempenho acadêmico *porque naquela época esse conhecimento não me interessava.*
15 anos	Larguei os estudos.	Larguei os estudos *porque queria procurar atividades que me realizassem mais.*
Idade adulta	Mudei de emprego muitas vezes.	Mudei de emprego muitas vezes *porque sempre estive em busca de algo melhor.*
Idade adulta	Tive muitos relacionamentos.	Tive muitos relacionamentos *porque não estava claro o que eu queria em termos afetivos.*
CONSEQUÊNCIAS PARA A VIDA FUTURA	É um conjunto de acontecimentos não necessariamente relacionados e que não preveem o futuro.	Tudo o que me aconteceu na vida *é porque eu estava desorientado. Agora entendo melhor a mim mesmo e ao mundo e o aceito.*

Qual dessas duas versões de nossa biografia é a certa? Os fatos objetivos são os mesmos. Como se vê, toda autobiografia é uma narração interpretativa do que nos aconteceu na vida. Nenhuma é absolutamente certa, é somente uma interpretação.

Como se muda a perspectiva do eu? A principal ferramenta (consequência da prática de mindfulness em geral, e não de uma prática específica) é o desaparecimento do diálogo interno. Quando, por efeito de mindfulness, deixamos de comentar e avaliar tudo o que nos acontece, não relacionamos nossas experiências do momento com nossa biografia, mas vemos cada acontecimento com a mente de principiante, como se fosse a primeira vez.

Nesse momento, não há um eu estruturado e inamovível que module a experiência: fundimo-nos com a vivência sem avaliá-la, e a partir disso qualquer coisa é possível e o futuro não está pré-determinado.

MONITORAR O EFEITO DE MINDFULNESS

Uma série de indícios podem ser utilizados para avaliar até que ponto mindfulness está modificando nosso funcionamento mental, mudando nossa forma de ser. Os marcadores mais importantes, na ordem aproximada em que se apresentam, seriam:

Desenvolvimento do observador

É um dos fenômenos iniciais com a prática da meditação. Consiste em uma cisão parcial da mente, na qual uma parte observa os fenômenos mentais ("o observador"), enquanto a outra está constituída pelos próprios fenômenos mentais observados, sensações, pensamentos ou emoções. Desta forma, cumpre-se uma das máximas de mindfulness, segundo a qual não somos nossos pensamentos e emoções (apegados e identificados com eles de forma absoluta), mas sim aquele que observa os pensamentos e emoções. É uma diferença fundamental.

Ver os fenômenos mentais como irrelevantes

Rotular e observar os fenômenos mentais do ponto de vista do observador permite-nos compreender que todo acontecimento cognitivo – independente de seu conteúdo – vai desaparecer em poucos segundos, se simplesmente o observarmos, sem nos apegar a ele. Portanto, são fenômenos sem consistência e realidade e, acima de tudo, sem importância.

Diminuição do diálogo interno

Dado que somos capazes de ver os eventos mentais que formam o diálogo interno, sobretudo os pensamentos ruminativos, como fenômenos impermanentes e sem importância – do ponto de vista do observador – a conversa interior passará a ter cada vez menos força. Ficamos menos tempo centrados no passado ou no futuro, posto que não existem, e não perdemos tempo tentando encontrar uma explicação para o que aconteceu conosco ou pensando nas consequências no futuro, pois temos desenvolvido uma grande aceitação.

Atitude de aceitação

Segundo a instrução básica, quando perdemos a atenção e decidimos voltar ao ponto de ancoragem, devemos fazê-lo com uma atitude amável, compassiva (e não com raiva ou irritação). Muitos meditadores são hipercríticos consigo próprios e com os outros. Se é assim, estamos fazendo algo errado.

A meditação não tem como finalidade julgar ou criticar nem outros nem nós mesmos, e sim ser felizes e poder ajudar a outros. Essa atitude de aceitação também permite que não se desenvolva o maior obstáculo ou doença associada a mindfulness: a "neurose do meditador".

Menor identificação com nosso "eu", de que somos de uma determinada forma (mudança na percepção do "eu")

À medida que o diálogo interno começa a desaparecer, cada novo acontecimento que nos ocorre abordamos com a mente de principiante. Não pensamos que a realidade ou que nós mesmos devemos ser de uma maneira determinada. Fluímos em um presente contínuo, sem estar influenciados pelo passado nem temer ou predizer o futuro. Portanto, a imagem que temos de nós mesmos é a de um eu adaptável, em constante mudança, com aceitação.

Menor frequência no uso do pronome "eu"

Neste contexto, nos fundimos com a experiência, e a distância entre o eu observador e o objeto observado vai diminuindo; fluímos em um contínuo de experiências, que não são rotuladas nem avaliadas por um eu que vai se dissolvendo. Nesse contexto, o uso do pronome eu torna-se supérfluo.

Desenvolvimento do interser ou consciência compartilhada

À medida que o eu vai perdendo força e as experiências são vividas a partir do observador e do observado, nossa conexão com o cosmos e com toda a humanidade se acentua. A falácia de que estamos separados do mundo, origem dessa sensação de estarmos incompletos e sobre a qual se estrutura nosso sofrimento existencial, vai dissolvendo-se. Passamos a nos sentir parte do todo e, portanto, responsáveis por um mundo melhor e por tornar seus habitantes mais felizes. De todas essas mudanças, as duas mais importantes e sobre as quais deveríamos insistir são: o desenvolvimento do observador (é o que permite que se desdobrem todos os benefícios de mindfulness) e a atitude de aceitação (que se associa a uma maior compaixão para conosco mesmos e o mundo).

PRÁTICA: DISSOLUÇÃO DO EU

→ Adotamos a postura de meditação que utilizamos de modo habitual. Vamos praticar mindfulness na respiração, focando nos diferentes fenômenos mentais e buscando o eu em cada um deles.

→ Começamos com a RESPIRAÇÃO. Identificamos o ponto de ancoragem da respiração que costumamos utilizar (por exemplo, as narinas ou o abdômen). Tomamos consciência do processo de surgimento e desaparecimento da respiração, com suas fases de início, desenvolvimento e final de cada movimento respiratório. Esse processo de surgimento e desaparecimento ocorre com todos os fenômenos mentais e com todos os fenômenos que existem no universo. Somos conscientes de que o ar inspirado e que chega aos nossos pulmões vem do espaço exterior, penetra nosso corpo pelas narinas e permanece em seu interior. Devolvemos ao exterior aquele ar que antes formava parte de nós e que expirado se dilui agora no espaço. Portanto, pensamos: Onde estava o ar que inspiramos antes de ser parte de nós? Para onde vai o ar expirado quando deixa de ser parte de nós? O ar que entra em nosso corpo – somos nós? E o ar com partículas nossas que se perde no exterior – somos nós? Pensamos onde estão os limites de nosso corpo e de nosso eu.

→ Passamos agora ao campo das SENSAÇÕES e nos centramos exclusivamente nas auditivas, que podem ser as mais fáceis de trabalhar na meditação. Identificamos um som e comprovamos que ele tem um início, um desenvolvimento e um final. E nos perguntamos: "Onde estava esse som antes de surgir? Para onde irá quando desaparecer? Poderia existir esse som sem nós para ouvi-lo? Quando escutamos esse som, o som somos nós ou somos simples observadores, testemunhas do som?"

→ Passamos agora o foco aos PENSAMENTOS. Identificamos um pensamento e observamos que há um início, um desenvolvimento e um final. E nos perguntamos: "Onde estavam esses pensamentos antes de surgirem? Para onde vão esses pensamentos, quando desaparecem?" Nós, os observadores, quase nunca produzimos os pensamentos, já que surgem espontaneamente, como atividade natural da mente. Assim como o olho aberto não pode evitar ver (embora possa escolher olhar), ou o ouvido não pode evitar ouvir (embora possa escolher escutar), a mente desperta não pode evitar gerar pensamentos. Esse é o jogo da mente, que nos enreda. A mente gera pensamentos porque é sua natureza. Como não há um observador forte, que possa desligar-se dos pensamentos, em um dado momento crê, erroneamente, que ele os gerou e se vê tomado por eles, sentindo que age em consequência, em um ciclo sem fim. Vamos esperar que surja um pensamento – pode ser que ao meditar não surja, por isso podemos gerar um, de preferência neutro –, e nos perguntamos: "Quem gerou este pensamento? Por que o observador se identificou com ele? Esse pensamento, sou eu ou não? Ou sou apenas aquele que observa esses pensamentos?"

→ Passamos às EMOÇÕES. Identificamos uma emoção que apareça na mente. Se não aparecer, faremos com que surja. Deve ser sempre uma emoção de baixa intensidade e não nosso maior conflito. Observamos também que tem um início, um desenvolvimento e um final. Perguntamo-nos: "Onde estava essa emoção antes que surgisse em minha mente? Para onde irá depois que desaparecer?" Somos conscientes de que não geramos as emoções, elas irrompem como um jogo próprio da mente. Pergunto-me se essa emoção sou eu ou se não sou eu. Ou se apenas sou o observador, que é a testemunha dessa emoção.

→ Focamos agora no EU. Observamos que também tem um início, um desenvolvimento e um final. E nos perguntamos: "Onde estávamos antes de nascer? Para onde iremos ao morrer? Tento identificar o que é o eu. Meus pensamentos e emoções? O observador? Depende de com que me identifico, se é com os pensamentos ou emoções ou com o observador? Qual é meu autêntico eu? Ele está sendo criado a cada momento, dependendo de com que me identifico?"

→ Voltamos à respiração. Devagar, volte ao corpo. Quando quiser, comece a se movimentar e a abrir os olhos.

PONTOS-CHAVE

→ Os primeiros artigos sobre o mecanismo de atuação de mindfulness publicados na década de 1990 explicavam sua eficácia em aspectos como o relaxamento, a auto-hipnose ou os mecanismos espirituais.

→ As teorias atuais explicam sua eficácia mediante mecanismos como o aumento da atenção, o aumento da consciência corporal, a regulação das emoções, o desenvolvimento do insight metacognitivo ou mudanças na perspectiva do "eu".

→ É importante ser consciente de que os fenômenos cognitivos são inevitáveis e involuntários, são transitórios, não são verídicos e não têm potência inerente.

→ Como se muda a perspectiva do "eu"? A principal ferramenta é o desaparecimento do diálogo interno. Quando deixamos de comentar e avaliar tudo que acontece conosco, não relacionamos nossas experiências do momento com nossa biografia, mas vemos cada acontecimento com a mente de principiante. Nesse momento, não existe um eu estruturado e inamovível que module a experiência, senão que nos fundimos com a vivência sem avaliá-la, pois o futuro não está pré-determinado. Alguns dos indicadores do efeito de mindfulness são: o desenvolvimento do observador, ver os fenômenos mentais como irrelevantes, diminuição do diálogo interno, maior aceitação, menor identificação com o eu, maior consciência compartilhada.

14
CONTRAINDICAÇÕES, ABANDONO E EFEITOS ADVERSOS DE MINDFULNESS

*O caminho não é fácil nem difícil,
basta que não haja amor nem ódio,
nem escolha nem repúdio.*

Poema da fé no espírito (Shin Jin Mei)
Kanchi Sosan

CONTRAINDICAÇÕES E PRECAUÇÕES

Mindfulness, assim como qualquer psicoterapia, tem uma série de contraindicações (em geral, relativas) e precauções no momento de ser utilizada. Desta forma, recomenda-se fazer uma avaliação clínica antes de participar de grupos terapêuticos de mindfulness.

> **Tabela 1.** Principais contraindicações
> e precauções em mindfulness
>
> - INDIVÍDUOS SAUDÁVEIS: Pessoas com baixa motivação, hipercríticas ou com atitude de oposição.
> - INDIVÍDUOS DOENTES: Pacientes em fase aguda de qualquer transtorno, como depressão grave, transtorno bipolar ou psicose. Pacientes com risco ou antecedentes de crise dissociativa, como transtorno de estresse pós-traumático, transtorno de conversão e transtorno de personalidade.
> Pacientes com deterioração cognitiva grave, agitação, epilepsia, escasso grau de consciência da doença ou muito medicados.

Estritamente falando, não há nenhuma contraindicação absoluta para o uso de mindfulness. Em outras palavras, profissionais experientes que adaptem a prática de mindfulness à doença específica do paciente poderiam usá-la em patologias tão complicadas como uma psicose ou um quadro dissociativo. Por outro lado, em indivíduos saudáveis com baixa motivação, hipercrítica ou oposicionismo, tampouco o seu uso estaria estritamente contraindicado. O que ocorre é que a eficácia costuma ser baixa porque o indivíduo tende a não praticar. Além disso, essas pessoas pouco motivadas podem alterar a dinâmica dos grupos e, portanto, é necessário que o terapeuta possua ampla experiência profissional.

ABANDONO

Como em qualquer outra terapia, nem todos permanecerão nela até o final. Não há dados sobre a porcentagem de desistência esperada em um programa de mindfulness. No entanto, a experiência clínica aponta que a cifra é similar à habitual em qualquer tipo de grupos terapêuticos, 20 a 30% dos participantes que iniciam abandonariam. Convém levar em conta esse dado ao organizar o grupo, prevendo que algumas pessoas não permanecerão até o final.

A maioria das desistências ocorre nas primeiras três sessões e as principais causas costumam ser as demandas excessivas com respeito a motivação, tempo e prática, a rejeição a grupos grandes, ou discrepâncias sobre a forma de conduzir a terapia. Embora não haja muitos estudos sobre as características do abandono da prática de mindfulness, na Tabela 2 resumimos os principais dados publicados até agora (17), e que são os motivos habituais do abandono.

Tabela 2. Principais variáveis que predizem o abandono da prática de mindfulness

- DADOS SOCIODEMOGRÁFICOS
Os homens tendem a abandonar a prática com mais frequência do que as mulheres. Outros fatores sociodemográficos como a idade, o nível cultural ou econômico não parecem ter relevância.

- CARACTERÍSTICAS DA DOENÇA
Pacientes com dor crônica abandonam com mais frequência do que os que padecem de outras doenças como o estresse, a insônia, a ansiedade ou a hipertensão arterial. O número de sintomas, a intensidade do estresse no momento inicial ou a duração da doença tampouco parecem ser fatores relevantes para predizer abandonos.

- TRAÇOS DE PERSONALIDADE
Pessoas com traços de obsessão apresentam maior tendência a completar o programa de treinamento.

EFEITOS ADVERSOS DE MINDFULNESS

Como qualquer outra atividade ou terapia, mindfulness também não está isenta de possíveis efeitos inesperados ou adversos. Em um dos primeiros estudos realizados sobre o tema (49) em meditadores com ampla experiência, com uma média de prática de meditação superior a 4 anos, os efeitos inesperados foram muito frequentes, já que foram identificados em 70% dos meditadores, embora apenas 7% com certa intensidade.

A Tabela 3 contém um resumo dos principais efeitos.

Tabela 3. Efeitos inesperados ou adversos da meditação

- EFEITOS PSICOLÓGICOS
Ansiedade/angústia, depressão/culpa e visão negativa do mundo, confusão e desorientação, dissociação, ideias de grandiosidade, sentimentos de vulnerabilidade, menor capacidade de avaliar a realidade.

- EFEITOS FÍSICOS
Dor, hipertensão arterial paradoxal, sensações de desconforto corporal.

- EFEITOS INTERPESSOAIS
Aumento da crítica e intolerância com os demais, sentimentos de grandiosidade e narcisismo com menosprezo pelos demais, busca da solidão e isolamento de outras pessoas.

- EFEITOS EXISTENCIAIS
Menor motivação na vida, tédio, adição à meditação.

Há fatores como patologias psiquiátricas ou a personalidade prévia dos meditadores que podem aumentar a frequência e a intensidade desses efeitos. A personalidade do instrutor de mindfulness também pode influir na existência e nas características desses efeitos. Precisamos de mais pesquisas sobre este tema, porém um instrutor de mindfulness com uma ampla experiência em meditação parece imprescindível para poder ajudar seus alunos. Por outro lado, esses efeitos inesperados parecem ser pouco frequentes e limitados, se detectados logo.

A NEUROSE DO MEDITADOR

Talvez o efeito mais negativo da prática continuada da meditação e também um dos mais comuns é o que alguns autores chamam de "neurose do meditador". Consiste na sensação desenvolvida por alguns meditadores experientes de que "atingiram algo", de que não são iguais aos demais e que a meditação os tornou superiores à maioria dos demais mortais. Essa verdadeira doença, também descrita com frequência nas tradições budista e hinduísta, é completamente contrária ao espírito de mindfulness. Em vez de ajudar a dissolver o ego, reforça-o de maneira narcisista; em vez de potencializar o desenvolvimento da compaixão e do amor pelos outros, nos distancia deles por acreditarmos que somos superiores; e em vez de nos instalar no "modo ser", somos arremessados a um contínuo "modo fazer", já que nosso principal objetivo é que o esforço que consideramos ter feito meditando durante anos deva ser reconhecido pelos demais. Se comprovarmos que algum de nossos terapeutas ou professores de mindfulness tem essa enfermidade, é melhor decidir abandoná-lo, porque não poderá nos ensinar muito.

CARACTERÍSTICAS DO TERAPEUTA

As características do profissional que ministra mindfulness podem facilitar ou dificultar o aparecimento de efeitos secundários. Por outro lado, esse mesmo efeito adverso produzirá menos impacto se é gerido por um terapeuta experiente. Por isso, uma formação adequada e uma ampla experiência no ensino de mindfulness – individualmente ou em grupo – é imprescindível. Além disso, os dois aspectos mínimos que o terapeuta deve cumprir são os seguintes:

1. Conhecer o tipo de paciente a quem está aplicando mindfulness. Para trabalhar com pessoas que padecem de uma doença física ou psicológica, o profissional deverá ser um médico ou um psicólogo com experiência nesse tipo de pacientes. Recomenda-se fazer uma avaliação prévia dos participantes para seu ingresso no grupo.

2. Prática de mindfulness: Não basta ter conhecimentos teóricos de mindfulness ou ter participado de cursos de formação. Já está comprovado que, se o profissional não pratica mindfulness com regularidade, não poderá ensinar de forma adequada, pois não será capaz de responder as perguntas dos pacientes, em geral relacionadas à prática. Além disso, caso se trate de uma terapia, não será tão efetiva.

> **PRÁTICA:** A FLOR-DE-LÓTUS
> QUE CRESCE NO LODO
>
> ➔ É uma metáfora budista clássica: a flor-de-lótus, considerada na Ásia uma das flores mais belas, tem suas raízes no lodo malcheiroso. Explica a interação entre a beleza e a feiura, a impossibilidade de rotular. Ensina-nos a identificar o bom nas situações adversas.
>
> ➔ Imagine uma bela flor-de-lótus flutuando no centro de um brejo. Imagine-se acompanhando o caule da flor até as raízes, submersas nas profundezas do lodo. A flor não está separada do lodo viscoso e malcheiroso que a nutre. Imagine alguma de suas experiências vitais ou situações mais negativas.
>
> ➔ A flor-de-lótus oferece uma imagem perfeita da capacidade de transformar a feiura em beleza. Traduzido à experiência, constitui a oportunidade de desenvolver resiliência, de identificar os aspectos positivos da aprendizagem, inclusive em uma experiência que tenha sido extremamente negativa. O que você pôde aprender com essa experiência que pode ser aproveitado de forma positiva no futuro?

PONTOS-CHAVE

➔ Estritamente, não há contraindicação absoluta para o uso de mindfulness.
Em outras palavras, profissionais com experiência que adaptem a prática de mindfulness à doença específica do paciente poderiam usá-la em patologias tão complicadas como uma psicose ou um quadro dissociativo.

➔ A experiência clínica aponta que a cifra de desistências é similar à habitual esperada em qualquer tipo de grupos terapêuticos – 20 a 30% das pessoas que começam o programa o abandonam.

➔ A maior parte das desistências ocorre nas primeiras três sessões e as principais causas costumam ser as demandas excessivas com respeito a tempo e prática, a rejeição a grupos grandes ou discrepâncias sobre a forma de conduzir a terapia. Os efeitos inesperados de mindfulness parecem ser frequentes, embora apenas uma pequena porcentagem deles apresente certa intensidade.

➔ Há fatores como patologias psiquiátricas ou a personalidade prévia dos meditadores que podem aumentar a frequência e a intensidade desses efeitos. A personalidade do instrutor de mindfulness também pode influir na existência e nas características desses efeitos.

➔ Há dois aspectos mínimos que um terapeuta mindfulness deve cumprir:
1. Conhecer o tipo de paciente ao qual está aplicando mindfulness.
2. Praticar mindfulness.

15
A PRÁTICA CONTÍNUA DE MINDFULNESS COMO FORMA DE VIDA

Caminhante, não há caminho.
O caminho se faz ao andar.
Antonio Machado

A DIFICULDADE DE PRATICAR MINDFULNESS AO LONGO DA VIDA

Uma das maiores dificuldades na prática de mindfulness é incorporar a prática ao dia a dia ao longo de toda a vida. Os estudos existentes sobre o tema e a experiência clínica e docente em mindfulness sugerem que menos de 30% das pessoas com formação em mindfulness mantêm uma prática regular por 6-12 meses.

Este problema da manutenção da prática ao longo dos anos não ocorre somente em mindfulness, mas também em muitos outros âmbitos, como nos hábitos de uma vida saudável (exercício físico regular, dieta saudável), atividade artística (prática de algum instrumento musical, teatro, dança) e, praticamente, em qualquer atividade humana. Nos primeiros meses, a prática costuma ser intensa e frequente. Ao longo do tempo, porém, começa a se espaçar cada vez mais e ter sua duração encurtada. Sempre acabamos encontrando razões para justificar o abandono da prática. Tal processo é compreensível, porque na vida temos múltiplas atividades que podem ser satisfatórias, e fica difícil escolher entre elas, uma vez que o tempo vital é limitado.

Na entrevista motivacional [EM, de abordagem terapêutica] das dependências, as recaídas são consideradas como mais uma fase do processo de cura. Da mesma forma, em mindfulness o abandono da prática deve ser considerado como mais uma fase do processo de aprendizagem e, desde o primeiro momento, devem ser preparadas medidas preventivas.

ALGUMAS RECOMENDAÇÕES PARA MANTER A PRÁTICA DE MINDFULNESS

São múltiplas as medidas que se pode empregar para manter o compromisso com a prática. Em geral, podem ser classificadas em diferentes grupos:

Relacionadas com a motivação e os valores

Comentamos antes que, para qualquer atividade manter-se ao longo do tempo, deve ter lugar relevante em nossos valores e nosso sentido de vida. Por isso, é importante de vez em quando revermos nossos valores e nossos compromissos e analisar o papel de mindfulness em relação a eles. A experiência nos ensina que as pessoas que mantêm a prática de mindfulness durante anos são as que têm um claro sentido de vida vinculado à prática, da mesma forma que os praticantes de tradições religiosas orientais.

Relacionadas com o apoio do grupo

Como em qualquer atividade grupal, é muito mais fácil manter mindfulness se, à prática individual, agregar-se uma prática em grupo. A importância deste (denominado *sangha*, em sânscrito) é enfatizada desde os primórdios da tradição meditativa.

As meditações em grupo são mais intensas e profundas devido à potência dele. Além disso, o grupo cria um apoio e um compromisso, o que facilita a manutenção da prática. Por essa razão, uma das decisões mais eficazes para incluir mindfulness na vida diária é pertencer a um grupo de práticas meditativas. O ideal é que esse grupo de prática seja de mindfulness como tal (denominado *sangha laica*), porém nem sempre se encontra disponível. Outra opção, dependendo de nossas crenças, é participar em grupos de meditação ligados a tradições religiosas (zen-budismo, budismo tibetano ou *vipassana*), ou em grupos de yoga ou outras técnicas mente-corpo, como taichi ou chi kung.

Outro aspecto importante é manter uma relação fluida com algum instrutor, ainda que seja por email, de forma que seja possível esclarecer dúvidas que surjam na prática.

Relacionadas com a prática

Poder manter uma formação e uma prática periódica permite aprofundar em mindfulness, fazendo com que sua eficácia em diferentes âmbitos da vida torne-se mais evidente e reforce o interesse pela prática.

Por essa razão, é útil ler periodicamente livros ou artigos sobre mindfulness ou assistir a conferências e cursos sobre o tema e visitar páginas relacionadas na internet. Entretanto, o que mais faz crescer nossa fidelidade à prática é a realização de retiros periódicos. Uma vez por ano é considerada uma frequência recomendável. De início é melhor que os retiros sejam curtos, de um a dois dias de duração e depois poderão ser mais longos – de três a sete dias. Retiros de duração superior a uma semana não são próprios de mindfulness, mas sim de grupos religiosos que praticam meditação, como por exemplo, o budismo.

Relacionadas com a ajuda a outros

Uma excelente forma de manter a prática consiste em convertê-la em parte da profissão. Deve-se levar em conta que há muitas oportunidades para incluir mindfulness na atividade laboral que estivermos realizando, ou como ajuda desinteressada em muitas ONGs e ambientes desfavorecidos, já que mindfulness promove o bem-estar.

Em todas estas medidas, o auxílio das novas tecnologias pode ser importante. De fato, existem *sanghas* virtuais que permitem fóruns de discussão ou a assistência virtual a práticas transmitidas pela internet em tempo real, ou que podem ser armazenadas em vídeo para realizá-las em um momento mais adequado. Em ambos os casos, a possibilidade de praticar em grupo, mesmo que de modo virtual, permite colher alguns dos benefícios descritos.

Por fim, outro aspecto importante é assumir que a vida é muito longa, que todos temos períodos de mudança e que haverá épocas em nossa vida quando até mesmo práticas bem enraizadas como pode ser mindfulness, terão menos importância para nós. Devemos assumir que a vida é uma corrida de longa distância e que teremos altos e baixos periódicos (os especialistas afirmam que a cada 10 anos precisamos mudar de atividade e de ambiente para evitar a desmotivação).

> **PRÁTICA:** MINDFULNESS E SUA RELAÇÃO
> COM OS VALORES

→ Adote a postura habitual de meditação e respire várias vezes. Caso já tenha feito práticas como a do funeral ou do idoso, tente recordar quais eram seus valores mais importantes. Caso não as tenha feito, reflita sobre o que é importante para você na vida, aquilo pelo qual gostaria de ser lembrado. Pense em seus dois ou três principais valores e em como mindfulness pode ajudá-lo a ser coerente com eles.

→ Imagine sua vida futura nos próximos 10, 20 ou 30 anos, praticando mindfulness de forma regular. Imagine como será essa vida, quanto à felicidade e coerência com seus valores. Permaneça pensando em seus valores por alguns segundos.

→ Agora pense no contrário: imagine sua vida no futuro, nos próximos 10, 20 ou 30 anos, sem praticar mindfulness. Pense como poderá ser sua vida em termos de felicidade e de coerência com seus valores essenciais. Mantenha alguns segundos essa reflexão.

→ Imagine momentos futuros em que você terá dúvidas em manter ou não a prática, e pense nas principais razões que você se dará para abandoná-la. Conecte-se com seus valores e imagine sua vida no futuro, para motivar-se a continuar praticando. Pouco a pouco, quando quiser, volte à respiração e abra os olhos.

PONTOS-CHAVE

→ Uma das maiores dificuldades na prática de mindfulness consiste em incorporar a prática ao dia a dia e mantê-la ao longo de toda a vida. Em mindfulness, o abandono da prática deveria ser considerado mais uma fase do processo de aprendizagem e devemos nos preparar com medidas preventivas para quando tal fase chegar.

→ De vez em quando é importante revermos nossos valores, aquilo com o qual nos comprometemos, e analisar o papel de mindfulness neles.

→ Uma das decisões mais eficazes para incluir mindfulness em nossa vida diária é pertencer a um grupo de prática meditativa.

→ É útil ler livros ou artigos sobre mindfulness com periodicidade, ou participar de conferências e cursos sobre o tema. Entretanto, o que mais fideliza a prática é a realização de retiros periódicos.

→ Existem *sanghas* virtuais que permitem fóruns de discussão ou a assistência virtual às práticas, transmitidas pela internet em tempo real ou que podem ser armazenadas em vídeo.

BIBLIOGRAFIA

1. Bartholomew, K., and L. M. Horowitz, «Attachment styles among young adults: a test of a four-category model», *J Pers Soc Psychol* 61, (1991): 226-244.
2. Bishop, S. R., M. Lau, S. Shapiro *et al*, «Mindfulness: A proposed operational definition», *Clin Psychol Sci & Pract* 11, (2010): 230-41.
3. Boddhi Bhikku, *The connected discourses of the Buddha: A translation of the Samyutta Nikaya*, Wisdom Publications, Boston (MA), 2000.
4. Bohlmeijer, E., R. Prenger, E. Taal and P. Cuijpers, «The effects of mindfulness-based stress reduction therapy on mental health of adults with a chronic medical disease: a meta-analysis», *J Psychosom Res* 68, (2010): 539-544.
5. Bowlby, J., *Attachment*, Basic Books, Nova York, 1969.
6. Bradley, M. M., and P. J. Lang, «Measuring emotion: behaviour, feeling and physiology», in R. D. Lane, L. Nadel, G. L. Ahern, J. J. B. Allen, A. W. Kaszniak, S. Z. Rapcsak and G. E. Schwartz (eds), *Cognitive neuroscience of emotion*, Oxford University Press, Nova York, 2000, pp. 242-276.
7. Castaneda, C., *El arte de ensoñar*, Gaia ediciones, Madri, 2010.
8. Cebolla, A., L. Galiana, A. Oliver, J. Soler, M. Demarzo, R. Baños, A. Feliu Soler and J. García Campayo, «How does mindfulness work? Exploring Holzel's conceptual mechanisms in a sample of meditators and non-meditators», enviado a *Psychosom Med*.

9. Cebolla, A., J. García Campayo y M. P. Demarzo, *Mindfulness y ciencia. De la tradición a la modernidad*, Alianza Editorial, Madri, 2014.
10. Cebolla, A., et al., «Psychometric properties of the Spanish version of the mindful attention awareness scale (MAAS) in patients with fibromyalgia», *Health and Quality of Life Outcomes* 11, (2013): 6.
11. Chiesa, A., and A. Serretti, «Mindfulness-based stress reduction for stress management in healthy people: a review and meta-analysis», *J Altern Complement Med* 15, (2009): 593-600.
12. Coffey, K. A., M. Hartman and B. L. Fredrickson, «Deconstructing mindfulness and constructing mental health. Understanding mindfulness and its mechanisms of action», *Mindfulness* 1, (2010): 235-253.
13. Dalai Lama, *El poder de la compasión*, Martínez Roca, Barcelona, 1997.
14. Dalai Lama, *An Open Heart: Practicing compassion in everyday life*, Little, Brown, Boston, 2001.
15. Dane, E., «Paying attention to mindfulness and its effects on task performance in the workplace», *J Management* 37, (2010): 997-1018.
16. Demarzo, M. M. P., «Meditação aplicada à saúde», em *Programa de Atualização em Medicina de Família e Comunidade*, v. 6, Artmed Panamericana Editora, Porto Alegre, 2011, pp. 1-18.
17. Dobkin, P. L., J. A. Irving and S. Amar, «For Whom May Participation in a Mindfulness-Based Stress Reduction Program be Contraindicated?», *Mindfulness* 3, (2012): 44-50.
18. Ellsworth, P. C., and Cherer K. R., «Appraisal processes in emotion», em R. J. Davidson (ed), *Handbook of affective sciences*, Oxford University Press, Nova York, 2002, pp. 572-595.
19. Frijda, N. H., «The nature and experience of emotions», em A. W. Kaszniak (ed), *Emotions, Qualia and Consciousness*, World Scientific, Nova Jersey, 2001, pp. 344-362.

20. García Campayo, J., «La práctica de estar atento (mindfulness) en medicina. Impacto sobre pacientes y profesionales», *Aten Primaria* 40, (2008): 363-366.
21. Garland, E. L., S. A. Gaylord and J. Park, «The role of mindfulness in positive reappraisal», Explore 5, (2009): 37-44.
22. Germer, C. K., *El poder del mindfulness*, Paidós, Barcelona, 2011.
23. Germer, C. K., «What is mindfulness?», *Insight Journal* 3, (2004): 24-29.
24. Germer, C. K., *The mindful Path to Self-Compassion*, The Guilford Press, Nova York, 2009.
25. Gilbert, P., «Introducing compassion-focused therapy», *Advances in psychiatric treatment* 15, (2009): 199-208.
26. Goetz, J. L., D. Keltner and E. Simon-Thomas, «Compassion: An Evolutionary Analysis and Empirical Review», *Psychol Bull* 136, (2010): 351-374.
27. Grossman, P., L. Niemann, S. Schmidt and H. Walach, «Mindfulness-based stress reduction and health benefits. A meta-analysis», *J Psychosom* Res 57, (2004): 35-43.
28. Gunaratana, B. H., *El libro de mindfulness*, Kairós, Barcelona, 2012.
29. Herbert, B. M., and O. Poliatos, «The body in the mind: on the relationship between interoception and embodiment», *Top Cogn Sci* 4, (2012): 692-704.
30. Holzel, B., S. W. Lazar, T. Gard, Z. Schuman-Olivier, D. R. Vago and U. Ott, «How does mindfulness meditation work? Proposing mechanisms of action from a conceptual and neural perspective», *Perspect Psychol Science* 6, (2011): 537-559.
31. Kabat-Zinn, J., *Coming to Our Senses: Healing Ourselves and the World Through Mindfulness*, Hyperion Books, Nova York, 2005.
32. Kensinger, E. A., and D. L. Schacter, «Processing emotional pictures and words: Effects of valence and arousal», *Cogn Affect Behav Neuroscience* 6, (2006): 110-126.

33. La Berge, S., y H. Rheingold, *Exploración de los sueños lúcidos*, Arkano, Madri, 2013.
34. Lazarus, R., and S. Folkman, *Stress, appraisal and coping*, Sepringer, Nova York, 1984.
35. Ledesma, D., and H. Kumano, «Minfulness-based stress reduction and cancer: a meta-analysis», *Psychooncology* 18, (2009): 571-579.
36. Linehan, M. M., *Skills training manual for treating borderline personality disorder*, Guilford Press, Nova York, 1993.
37. McNight, D. E., and T. B. Kashdan, «Purpose in life as a system that creates and sustains health and well being. An integrative, testable theory», *Behav Gen Psychology* 13, (2009): 242-251.
38. Michalak, J., J. Mischnat and T. Teismann, «Sitting posture makes a difference-embodiment effects on depressive memory bias», *Clin Psychol Psychother* 1890, (2014).
39. Montero-Marín, J., J. Prado, M. M. Piva Demarazo, S. Gascón and J. García Campayo, «Coping with stress and types of burnout: explanatory power of different coping styles», *Plos One* 9, (2014): e89090.
40. Napoli, M., P. R. Krech y L. C. Holley, «Mindfulness training for elementary school students: The attention academy», *J Appl Soc Psychology* 21, (2005): 99-125.
41. Neff, K. D., *Sé amable contigo mismo*, Oniro, Barcelona, 2012.
42. Nhat Hanh, T., *El milagro de mindfulness*, Oniro, Madri, 2013.
43. Nhat Hanh, T., *Saborear: mindfulness para comer y vivir bien*, Oniro, Madri, 2011.
44. Plaza, I., M. M. P. Demarzo, P. Herrera-Mercadal and J. García-Campayo, «Mindfulness-Based Mobile Applications: Literature Review and Analysis of Current Features», *JMIR Mhealth Uhealth* 1, (2013): e24.
45. Plutchik, R., *Emotion: a psychoevolutionary synthesis*, Harper & Row, Nova York, 1980.

46. Rahula, W., *Lo que el Buda enseñó*, Kier, Buenos Aires, 1965.
47. Robert, B., and M. Wall, «Tai Chi and mindfulness-based stress reduction in a Boston Public Middle School», *J Pediatr Health Care* 19, (2005): 230-237.
48. Salmon, P. G., S. F. Santorelli, J. Kabat-Zinn, S. A. Shumaker, E. B. Schron, J. K. Ockene et al., «Intervention elements promoting adherence to mindfulness-based stress reduction programs in the clinical behavioral medicine setting», em *The handbook of health behavior change*, Springer, Nova York, 1998, pp. 239–266.
49. Shapiro, D. H. J., «Adverse effects of meditation: A preliminary investigation of long-term meditators», *Intern J Psychosom* 39, (1992): 62–67.
50. Shapiro, S. L., L. E. Carlson, J. A. Astin y B. Freedman, «Mechanisms of mindfulness», *J Clin Psychol* 62, (2006): 373-386.
51. Siegel, R. D., C. K. Germer y A. Olendzki, «Mindfulness: ¿Qué es? ¿Dónde surgió?», em F. Didonna (ed), *Manual clínico de mindfulness*, Desclée de Brouwer, Bilbao, 2009.
52. Siegel, D. J., *Cerebro y mindfulness*, Paidós, Barcelona, 2010.
53. Simón, V., «El reencuentro científico con la compasión», em A. Cebolla, J. García Campayo y J. Demarazo (eds), *Mindfulness y ciencia*, Alianza Editorial, Barcelona, 2014, pp. 191-226.
54. Staats, A. W., «Valuable, but not maximal: It's time behavior therapy attends to its behaviorism», *Behav Res Ther* 37, (1999): 369-378.
55. Stegel, M. F., T. B. Kashdan, B. A. Sullivan and D. Lorentz, «Understanding the search for living in life. Personality, cognitive style, and the dynamic between seeking and experience meaning», *J Personality* 76, (2008): 199-228.
56. Stegel, M. F., «Meaning in life», em S. J. López (ed), *Oxford Handbook of Positive Psychology*, Oxford University Presss, Oxford, 2009, pp. 679-687.

57. Steger, M. F., D. Frazier, S. Oishi and M. Kaler, «The meaning in life questionnaire: assessing the presence of and search of meaning in life», *J Consult Psychol* 53, (2006): 80-93.
58. Teasdale, J. D., Z. Segal and J. M. G. Williams, «How does cognitive therapy prevent depressive relapse and why should attentional control (mindfulness) training help?», *Behav Res Ther* 33, (1995): 25-39.
59. Toneatto, T., «Metacognitive therapy for anxiety disorders: Buddhist psychology applied», *Cognitive and Behavioral Practice* 9, (2002): 72-78.
60. Walach, N., et al., «Mindfulness based stress reduction as a method for personnel development – a pilot evaluation», *Intern J Stress Managem* 14, (2007): 188-198.
61. Wangyal Rimpoche, T., *The tibetan yogas of dream and sleep*, Snow Lion Publications, Nova York, 1998.
62. Williams, J. M. G., «Mindfulness and psychological processes», *Emotion* 10, (2010): 1-7.

LISTA DE PRÁTICAS

I. PRÁTICAS CENTRAIS DE MINDFULNESS

a) Mindfulness

A uva-passa *(Capítulo 1)*
Mindfulness na respiração *(Capítulo 7)*
Body scan (Capítulo 7)
Mindfulness caminhando *(Capítulo 7)*
Mindfulness nos movimentos corporais *(Capítulo 7)*
Prática dos três minutos *(Capítulo 7)*
Diário de mindfulness *(Capítulo 7)*
Diário de práticas informais *(Capítulo 8)*

b) Compaixão

Body scan compassivo *(Capítulo 7)*
Prática formal e informal de *metta (Capítulo 9)*
Prática para trabalhar com a inveja *(Capítulo 9)*
O perdão *(Capítulo 6)*

c) Valores

Breve reflexão sobre os valores *(Capítulo 10)*
O epitáfio *(Capítulo 10)*
O ancião *(Capítulo 10)*
A despedida *(Capítulo 10)*
O funeral *(Capítulo 10)*

II. PRÁTICAS ADICIONAIS DE MINDFULNESS

Como entrar e sair da meditação *(Capítulo 2)*
Avaliar os custos e benefícios de começar a praticar mindfulness *(Capítulo 3)*
Aprender a se relacionar com o desconforto físico *(Capítulo 4)*
Oi, obrigado e tchau *(Capítulo 5)*
Metáforas da mente baseadas na tradição:
– O lago *(Capítulo 5)*
– Estourar balões *(Capítulo 5)*
– O espelho *(Capítulo 5)*
Manejo das emoções tendo as sensações como âncora *(Capítulo 11)*

III. PARÁBOLAS

Antiga lenda chinesa sobre a morte e a desgraça *(Capítulo 11)*
Parábola das duas flechas *(Capítulo 12)*
Parábola da semente de gergelim *(Capítulo 12)*

ANEXO

Os programas de intervenção e formação em mindfulness das universidades de Zaragoza (Espanha) e Federal de São Paulo (UNIFESP, Brasil)

Com base na experiência do nosso grupo, fizemos algumas modificações importantes nas terapias baseadas em mindfulness, de acordo com o modelo MBSR, de modo a adaptá-las ao contexto da saúde e da cultura dos países latino-americanos. Neste sentido, enfatizamos de modo significativo a prática informal, que poderá ser realizada com mais facilidade. Adicionamos também alguns conteúdos ao programa, que estão resumidos na Tabela 1.

Tabela 1. Principais conteúdos adicionados ao programa

Valores
O esclarecimento dos valores constitui uma técnica própria da ACT [Terapia de aceitação e compromisso], e não de mindfulness, que consideramos imprescindível para reforçar a eficácia de mindfulness e relacioná-la aos valores e ao sentido de vida do indivíduo. É uma das maneiras mais eficazes de diminuir o abandono da prática, tão frequente a curto e a médio prazo, e de incorporar mindfulness como uma parte central de nossa vida.

> **Compaixão**
> A compaixão está se configurando como uma intervenção complementar a mindfulness e é especialmente útil em certas patologias (como a depressão) ou em casos de culpa ou autocrítica.
>
> **Aceitação radical**
> Originada na TCD [Terapia dialética comportamental], consiste em uma técnica psicoeducativa especialmente útil para as pessoas com dificuldade para realizar a prática formal.

Estrutura do programa de intervenção

O programa consta de 7 sessões de 2 horas de duração, que se realizam com frequência semanal. A última sessão, exclusivamente prática, é realizada em silêncio para que se possa aprofundar na prática e experimentar a utilidade do silêncio em mindfulness. Os conteúdos do programa encontram-se resumidos na Tabela 2.

Tabela 2. Proposta geral de conteúdos do programa de intervenção em mindfulness da Universidad de Zaragoza (Espanha) (www.webmindfulness.com) e de "Mente Aberta" – Centro Brasileiro de Mindfulness e Promoção da Saúde, da Universidade Federal de São Paulo (UNIFESP) (www.mindfulnessbrasil.com), para a Península Ibérica e a América Latina.

SESSÃO	CONTEÚDO TEÓRICO	PRÁTICAS
Sessão 1 O que é mindfulness?	– Apresentação e objetivos	– Uva-passa
Sessão 1 O que é mindfulness?	– Características e atitudes em mindfulness – Motivação em mindfulness – Informação sobre a postura	– Exercícios simples de mindfulness (escutar sons, pontos de contato com o corpo, sentir os pés) – Prática dos três minutos

SESSÃO	CONTEÚDO TEÓRICO	PRÁTICAS
Sessão 2 Mindfulness na respiração	– O que fazer com o corpo? – O que fazer com a mente? – A respiração – Preconceitos/medos sobre a meditação	– Prática dos três minutos – Mindfulness na respiração – Oi, obrigado e tchau
Sessão 3 Mindfulness no corpo	– Importância do corpo – Manejo dos pensamentos – Sofrimento e aceitação – Como mindfulness atua (I) – Modo fazer/modo ser	– Prática dos três minutos – *Body scan* – Mindfulness caminhando (em mindfulness e na tradição zen)
Sessão 4 Mindfulness informal e valores	– Como estruturar a prática de mindfulness (formal e informal) – Diário de práticas – Eficácia de mindfulness na saúde, educação e empresas	– Prática dos três minutos – Mindfulness nos movimentos corporais – Mindfulness na respiração
Sessão 5 Mindfulness sem meditar: aceitação radical	– Como mindfulness atua (II) – Contraindicações – Obstáculos e objeções à prática – Sentido de vida e valores – Ação de compromisso	– Metáforas da mente – O ancião (exercício de identificação de valores) – Tudo é perfeito tal como é
Sessão 6 Compaixão	– O que é e o que não é compaixão – Fundamentos biológicos – Formas de treinar a compaixão – Medo à compaixão no Ocidente	– *Metta* (para os outros e para si mesmo) – *Body scan* compassivo
Sessão 7 Recapitulação de práticas e inclusão de mindfulness na vida diária	– Prática em silêncio – Encerramento, com recomendações para manter a prática a longo prazo	– Mindfulness na respiração – *Body scan* compassivo – Mindfulness caminhando (mindfulness e zen) – Prática dos três minutos – Mindfulness em movimento – *Metta*

Este é o programa introdutório. Existe um programa de aprofundamento que segue a mesma estrutura e que enfatiza aspectos como compaixão, valores, aceitação e prática informal.

Programa de formação da Universidad de Zaragoza (Espanha) e do centro "Mente Aberta" da Universidade Federal de São Paulo (Brasil)

Nossas universidades estruturaram um sistema de formação como especialização universitária de dois anos de duração. Embora o curso possa ser feito *online* para facilitar a formação de profissionais de qualquer parte do mundo, o programa inclui 10 seminários presenciais aos finais de semana, cada um com 10 horas de duração.

Os conteúdos abordam desde as bases de mindfulness até os elementos básicos de outras psicoterapias que possam ser úteis aos profissionais, como terapia em grupo, cognitivo-comportamental e transpessoal, psicologia positiva e terapias de terceira geração (aceitação e compromisso, dialética comportamental, e cognitivo-comportamental baseada em mindfulness). Os conteúdos, com um mínimo de 50% de prática, estão estruturados da seguinte forma: o primeiro ano é considerado uma formação pessoal, pois é impossível utilizar mindfulness com outras pessoas quando não se é um praticante habitual. O segundo ano pretende formar profissionais para que apliquem mindfulness nos setores de saúde, educação e corporativo.

O programa também inclui retiros de duração variável (de um dia a 2-4 dias) abertos a outros alunos que não estejam cursando a especialização, de modo a ampliar a perspectiva. Inclui palestras magnas periódicas com profissionais reconhecidos, formação complementar em cursos curtos específicos *online*, e práticas semanais *online* com professores. Considera-se um grande benefício da formação a possibilidade de constituir uma *sangha* laica presencial ou *online* para reforçar a prática semanal em diferentes dias e horários. O contato com os professores e com o orientador pessoal designado a cada aluno é contínuo. O segundo ano inclui formação em pesquisa, o que possibilita aos alunos realizar trabalhos de pesquisa, incluindo tese de doutorado.

Todas as informações sobre os programas (intervenção e formação) podem ser obtidas em www.webmindfulness.com e www.mindfulnessbrasil.com

SITES DE INTERESSE

→ **EM ESPANHOL:**
http://www.webmindfulness.com
http://www.redmindfulness.org

→ **EM PORTUGUÊS:**
http://www.mindfulnessbrasil.com

→ **EM INGLÊS:**
http://www.umassmed.edu/cfm/home/index.aspx
http://www.mindfulexperience.org
http://www.breathworks-mindfulness.org.uk

→ **OUTROS RECURSOS DE MINDFULNESS NA INTERNET:**
http://www.bemindful.co.uk
http://www.mindfulness-salud.org
http://www.institutomindfulness.cl
http://www.mindfulnessaccion.com
http://www.esmindfulness.com
http://www.contemplativeresearch.org
http://www.mindandlife.org
http://www.mindfulnessinstitute.ca
http://www.ahwinstitute.com

ÍNDICE REMISSIVO

abandono/desistência 218, 219, 224, 225, 226, 230, 239

ação de compromisso 159, 241

altruísmo 134, 149

âncora/ancoragem 54, 60-62, 66-70, 76, 77, 80, 81, 89, 91, 92, 96, 98, 99, 101, 102, 112, 114-116, 124, 129, 175, 199, 201, 211, 213

apego 36, 60, 73, 134-138, 171, 201

apoio do grupo 226

apps 48, 121

arousal/ativação de uma emoção 168, 172

atenção 17, 18, 20, 21, 28, 29, 31, 40, 60, 66-69, 71, 72, 80, 81, 89, 91, 92, 95-99, 101-104, 111-117, 120, 124, 127, 129, 146, 169, 171, 172, 177, 198-201, 211, 216

atitude 22, 25, 35-37, 46, 48, 69, 77, 79, 85, 89, 92, 96, 98, 101, 142-145, 165, 185, 211, 212, 218, 240

auto-hipnose 197, 216

benefícios 24, 33, 37, 39, 43, 44, 45, 47, 49-51, 60, 134, 212, 228, 238, 242

body scan 54, 57, 58, 82, 90, 92-94, 101, 102, 172, 173, 200, 237, 241

coerência dos valores 157, 158

como meditar 48

compaixão 16, 36, 40, 41, 90, 94, 95, 131-135, 138-143, 149, 172-177, 212, 221, 237, 240-242

conduta 25, 38, 43, 51, 66, 83, 120, 134, 142, 169, 176, 189

confronto irracional 185, 194

consciência
– corporal 83, 122, 198-200, 216
– testemunha 68, 72

contágio emocional 133, 149

contraindicações 217, 218, 241

corpo 26, 29, 53, 54, 58, 60-62, 66, 67, 72, 73, 81-83, 85, 86, 89-104, 108, 115, 116, 118, 122, 129, 167, 168, 171-173, 175, 177, 186, 192, 193, 196-200, 213, 216, 220, 227, 237, 240, 241

Default Mode Network / Rede Neural em Modo Padrão 64

desafio 112

descentramento 171, 174, 176, 177

desidentificação 73, 74, 115, 122, 198, 206

diálogo interno 22, 23, 63, 64, 73, 74, 76, 84, 174, 198, 206, 210-212, 216

diários de prática informal 112, 119

dor 25, 27, 38, 55, 61, 80, 81, 84, 87, 93-96, 98, 102, 180-183, 187, 188, 190-192, 194, 219, 220

efeitos adversos/inesperados 45, 220, 224

embotamento ou torpor 82, 83, 87

emoções 26, 31, 34, 36, 37, 44, 53, 54, 60, 62, 65, 67, 70-76, 84, 86, 95, 99, 100, 103, 104, 113, 116, 124, 133-135, 139, 140, 142, 149, 152, 167-169, 171-177, 189, 196, 198, 200-207, 210, 214, 215, 238

empatia 27, 38, 133-135, 142, 149

equação do sofrimento 180, 183, 194

espiritualidade 39, 154, 156, 158, 160, 196, 197
ilha de dor 180, 187
insight metacognitivo 198, 202, 206, 216
instrução fundamental 66
interser 39, 212
Kabat-Zinn, Jon 18, 19
metacognição 202, 203
metáforas da mente 238, 241
metta 85, 86, 95, 134, 140-143, 147, 237, 241
mindfulness
  – caminhando/andando 90, 101, 129, 200, 237, 241
  – durante as refeições 120
  – na respiração 91, 93, 101, 114, 144, 145, 168, 173, 200, 201, 213, 237, 241
  – no período de sono 122
  – nos movimentos corporais/em movimento 90, 101, 102, 114, 200 237, 241
mitos sobre mindfulness 23-27
modo
  – fazer 21-23, 31, 34, 39, 221, 241
  – ser 21-23, 31, 34, 39, 221, 241
motivação 27, 33-35, 40, 41, 45, 50, 131, 159, 218, 219, 226, 228, 240
neurose do meditador 211, 221
observador 68, 70, 72, 113, 144, 173, 174, 176, 203, 210-216
onde meditar 45
opiáceos endógenos 139
oxitocina 139
pensamento
  – consciente e voluntário 65
  – inconsciente e involuntário 65
perspectiva do eu 174, 177, 206, 210, 39
postura
  – birmanesa 55
  – de lótus 55
  – de semilótus 55
  – do astronauta 58

prática/meditação
  – andando 82, 87, 96, 97
  – dos três minutos 90, 99, 101, 102, 113, 119, 129, 172, 237, 240, 241
  – formal 40, 99, 129, 141, 179, 237, 240
  – informal 40, 41, 48, 61, 111, 112, 116, 119-121, 123, 129, 141, 179, 237, 239, 241, 242
preconceitos sobre mindfulness 23-27
princípios da aceitação radical 180, 188
programas de intervenção 239
psicologia positiva 90, 159, 242
quando meditar 46
reavaliação positiva 171, 174, 177
relaxamento 82, 92, 104, 196, 197, 216
reminders 48, 112, 116, 124, 125, 129
resignação 20, 185, 194,
resistência 45, 80, 84, 87, 180, 183, 194
rotular 67, 70, 201, 211
sentido da vida 151, 152, 165, 174
simpatia 134, 149
sistema
  – de ameaça 139, 140, 149
  – de conquista 139, 140, 149
  – de satisfação 138, 149
sofrimento
  – primário 180-182
  – secundário 180-182
sonolência 82, 83
tédio 83, 84, 87, 220
temporizadores 117, 122
terapeuta 49, 155, 206, 218, 221, 222, 224
uva-passa 28, 90, 101, 237, 240

Texto composto em Versailles LT Std.
Impresso em papel Polén Soft 80gr na gráfica Cromosete.